Carlo Meier

Die Kaminski-Kids:

Unter Verdacht

Franziska

Loko

Ergün

Raffaela („Raffi")

Simon

Debora

Suila

Mirko

Die Kaminski-Kids: «Unter Verdacht»

Wie schon meine ersten drei Jugendbücher *«Übergabe drei Uhr morgens»*, *«Mega Zoff!»* und *«Hart auf hart»* habe ich auch dieses neue Abenteuer der Kaminski-Kids mit tatkräftiger Hilfe meiner eigenen drei Kinder **Sidi**, **Anuschka** und **Saskia** geschrieben. Von Anfang an steuerten sie viele Ideen bei und nahmen bis zum Ende Einfluss auf die Geschichte. Ich bin ihnen sehr dankbar dafür! Bedanken möchte ich mich auch bei meiner Frau **Andi**, ohne die dieses Buch nie möglich geworden wäre.

Mein Dank geht ebenfalls an die Fachpersonen, die mich darin unterstützten, diesen Kinderkrimi realitätsnah und auf aktuellen Fakten beruhend zu gestalten: **Simon Carrel** und **Titus Bürgisser** (Pädagogen), **André Widmer** (Polizei der Stadt und des Kantons Zug) und **Andrea Christen** (Jugendhausleiterin).

Nun hoffe ich, dass euch dieses neue Abenteuer so gut gefällt wie den Kindern, die beim Schreiben geholfen haben. Viel Spaß!

Der Autor Carlo Meier
info@carlomeier.ch

Internet: Besucht die *Kaminski-Kids* doch einmal unter **www.kaminski-kids.com** und schreibt euch im Gästebuch ein oder schaut nach, was die Kids über sich selbst erzählen! Auch für Erwachsene gibt es dort viele Informationen über Lesungen, Schulprojekte und weitere Bücher des Autors.

Carlo Meier

Die Kaminski-Kids: Unter Verdacht

Brunnen Verlag · Basel und Gießen

Carlo Meier ist Mitglied des Schweizerischen Schriftstellerinnen- und Schriftsteller-Verbands SSV

Dieses Buch entstand mit freundlicher Unterstützung von:

Stadt und Kanton Zug
Pro Juventute
Schweizerischer Schriftstellerinnen- und Schriftsteller-Verband SSV
Ernst Göhner Stiftung
Evangelisch-reformierte Kirche der Stadt Zürich
Katholische Kirchgemeinde Zug
Alice und Walter Bossard Stiftung

Ein Kultur-Engagement des Kantons Solothurn

Die Deutsche Bibliothek – CIP-Einheitsaufnahme

Meier, Carlo:
Die Kaminski-Kids: unter Verdacht / Carlo Meier. –
Basel : Brunnen-Verl., 2002
ISBN 3-7655-1824-7

Umschlag und Illustrationen: Lisa Gangwisch, Basel
Typographie Umschlag: Michael Basler, Lörrach
Satz: Bertschi & Messmer AG, Basel
Druck: Freiburger Graphische Betriebe
Printed in Germany

ISBN 3-7655-1824-7

Inhalt

In der Klemme

1

«Was? Bei euch ist eingebrochen worden?»

Betroffen umklammerte Simon den Telefonhörer.

«Wo?» fragte Raffi, die eben in den Hausflur trat.

Simon achtete nicht auf sie und sagte in die Sprechmuschel: «Langsam, Loko! Am besten kommst du her und erzählst uns alles der Reihe nach! Okay, bis gleich.»

«Und?» drängelte Raffi, als ihr Bruder auflegte.

«In der Wohnblocksiedlung ist was passiert – ich bin nicht ganz schlau draus geworden. Loko ist völlig durcheinander.» Da musste eine ziemlich üble Sache im Busch sein, vermutete Simon, wenn sein bester Freund derart ausflippte. Ganz in diese Gedanken versunken, suchte er nach seinen Turnschuhen. «Wo sind denn ...?»

«Guck mal, da!» Entgeistert zeigte Raffi zur Küche.

Als Simon aufblickte, bekam er etwas äußerst Seltsames mit: Einer seiner Turnschuhe verschwand wie von selbst um den Türpfosten herum.

Die Kids sprangen hin und sahen eben noch, wie der Schuh unter den Küchentisch gezupft wurde – von einem wuscheligen Hündchen! Ein zweites Hundebündel trollte sich dazu und begann mit dem ersten zu balgen, wobei es tollpatschig auf den Rücken purzelte. Vor ein paar Wochen hatte Zwockel, die Collie-Hündin der Kaminski-

Kids, vier Babys zur Welt gebracht, die jetzt alles abschleppten, was nicht niet- und nagelfest war. Bald nach der Geburt durften die Kinder den Welpen Namen geben, und auch Opa steuerte einen Vorschlag bei. So hießen die Hündchen nun Ronnie, Tschip, Sindy und Herr Müller – was Großvater für eine gute Idee hielt, denn das dunkel gefleckte Junge hätte, wie er fand, einen besonders klangvollen Namen verdient.

«Na, du bist mir ja einer, Herr Müller!» schmunzelte Simon, während Raffi dem Welpen den Schuh wegzog. Doch kampflos wollte Herr Müller nicht aufgeben. Er klammerte sich mit seinen Zähnchen an der Schuhspitze fest und ließ erst hoch in der Luft los. Mit einem Plumps landete das Hündchen auf dem Fußboden und sauste davon.

«Das muss ich gleich Debora erzählen!» Ausgelassen hüpfte die Neunjährige zum Telefon und wählte die Nummer des Krankenhauses. Denn Debora lag nach einem Reitunfall mit gebrochenem Knöchel in der Klinik. Ausgerechnet jetzt, wo die Welpen so süße Dinge taten, konnte sie nicht dabei sein.

Nachdem Raffi ihrer drei Jahre älteren Schwester alles geschildert hatte, stockte sie: «Ich weiß nicht ... Mal schauen, was Simon dazu sagt. Ja – also, mach's gut!»

Sie hopste zur Küche zurück, wo ihr Bruder durchs Fenster auf den Hof spähte, ob Loko schon kam. Doch dazu war es noch zu früh – selbst wenn sein Freund sich beeilte, wäre er erst in fünf Minuten hier. Beunruhigt grübelte Simon darüber nach, was es mit diesem rätselhaften Einbruch wohl auf sich hatte.

«Du-u?» riss Raffi ihn aus seinen Gedanken. «Debora möchte, dass wir die Hündchen zu ihr in die Klinik bringen! Sie will sie streicheln!»

«Das geht doch nicht. Tiere sind im Krankenhaus total verboten.»

«Aber Debora möcht' es mega gern! Könnten wir die Jungen denn nicht heimlich in ihr Zimmer schmuggeln?»

«Unmöglich. Viel zu riskant. Wenn wir erwischt werden, dann ...»

«Na, hör mal! Wir sind doch die Kaminski-Kids! Wir drei zusammen haben schon ganz andere Dinge geschafft – ich, du und Debora!»

«Schon, aber ...»

«Und wenn wir die Welpen im Rucksack verstecken?» zirpte sie mit ihrem liebsten Stimmchen. Das schaltete sie immer dann ein, wenn sie etwas unbedingt wollte. Meistens wirkte der Trick – bei Vater fast immer, oft auch bei Opa und Mutter, und manchmal sogar bei ihren beiden Geschwistern.

«Hmm ...» Allmählich schmolz Simons Widerstand wie Vanille-Schokolade-Eis in der Mikrowelle. «Würde vielleicht klappen. Aber wir könnten höchstens zwei mitnehmen, damit's nicht auffällt.»

«Genau!» Sie war schon ganz aufgedreht. «Lass uns gleich abzischen! Heute ist ja keine Schule!»

Und nicht nur heute – vier freie Tage warteten auf die Kids, was sie einem Feiertag mit verlängertem Wochenende zu verdanken hatten.

Doch Simon schüttelte den Kopf. «Zuerst will ich wissen, was bei Loko los ist.»

«Stimmt, den hab ich ganz vergessen! Aber danach ziehen wir mit den Hündchen los, in Ordnung?» Treuherzig blickte sie ihn an.

«Also gut!»

«Cool! Klasse, Mann!»

Keine Sekunde nach ihrem Gejubel drang ein Räuspern aus dem Wohnzimmer in die Küche. «Kommt ihr mal eben rüber, Kinder?»

«Oh-oh», machte die Kleine. Ihr war sofort klar, dass Opa alles mitgekriegt hatte – er war zwar fast blind, dafür hörte er umso besser.

Mit gemischten Gefühlen schlenderten die Kids in die niedrige, gemütliche Stube hinüber.

«Wisst ihr, weshalb man keine Tiere zu den Kranken mitbringen darf?» fragte Großvater, als sie eintraten, und antwortete gleich selbst: «Wegen der Ansteckungsgefahr. Die Hündchen könnten irgendwelche Erreger auf die Patienten übertragen.»

Enttäuscht ließ Raffi die Schultern hängen. «Ja Pingu! Debora hätte sich so drüber gefreut!»

«Das glaub ich dir gern. Aber mit so was ist nicht zu spaßen.» Der alte Mann im Lehnsessel blickte ernst aus seinen trüben Augen. «Es gibt nur eine einzige Ausnahme ...»

«Ja?» Hellhörig merkten sie auf.

«Wenn die Patienten leichte Fälle sind – dann wäre es ungefährlich.»

«Leichte Fälle?» stutzte Simon.

«Nun ja, lass mich ein Beispiel dafür suchen. Ein leichter Fall wäre etwa ...» Nachdenklich fuhr er sich mit dem Daumennagel durch den dichten grauen Schnurrbart. «Tja – zum Beispiel ... ein gebrochener Knöchel ...»

«Dann geht's ja doch!» rief Raffi.

Abwehrend hob Opa die Hand. «Nein, nein, nein, tut mir leid. Euer Plan kann unmöglich gut ausgehen.»

«Aber warum denn nicht?»

«Ist doch ganz klar. Jemand müsste die Krankenschwester ablenken – sonst merkt die's sofort, und dann ist das Spiel aus.»

«Richtig», gab Simon zu. «Daran haben wir gar nicht gedacht.»

«Eben», brummte Großvater.

«Wie könnten wir die Schwester denn ablenken?» überlegte die Kleine.

Opa holte umständlich sein Taschentuch hervor. «Dafür bräuchtet ihr jemand, der mit so was umgehen könnte.»

«Ja, aber wen bloß?»

«Tjaaaa ... Ich wüsste da vielleicht wen.» Er schnäuzte sich kräftig. «Es müsste eine ältere Person sein. Jemand mit Erfahrung. Das könnte nicht schaden.» Während er das Taschentuch wieder einsteckte, breitete sich auf seinem faltigen Gesicht langsam ein Schmunzeln aus.

Da fiel bei Simon der Groschen. «Etwa du?» fragte der Vierzehnjährige überrascht. «Du würdest mitmachen, Opa?»

«Nun, das kommt drauf an. Sorgt ihr dann dafür, dass die Hündchen ganz bestimmt nicht mit schweren Fällen in Kontakt kommen? Das müsstet ihr mir ganz fest versprechen.»

«Versprochen!»

«Na gut, einverstanden! Aber nicht gleich jetzt – zuerst will ich noch die Rundfunk-Nachrichten hören. Danach können wir meinetwegen aufbrechen.»

«Super!» Die Kleine machte einen Luftsprung. «Du bist der beste Opa der Welt!»

Simon und Raffi rannten durch die offen stehende Tür auf den sonnigen Vorplatz hinaus, um zwei der Hündchen einzufangen.

In diesem Augenblick raste Loko mit dem Fahrrad auf den Kaminski-Hof. «Das glaubst du nicht! Das glaubst du nicht!» keuchte er noch ganz außer Atem.

«Was ist denn los?» fragte Simon seinen Klassenkameraden.

«Ihr müsst uns helfen! Alle denken, dass *wir* es waren! Sie schauen uns an wie Schwerverbrecher, dabei ...»

«Hey, ich schnall überhaupt nichts! Erzähl doch eins nach dem andern!»

Loko stieg ab und wischte sich den Schweiß von der Stirn. Sein Blick streifte von Raffi hinüber zur Blumenhandlung, die ans Wohnhaus angebaut war. Dort sah man durchs Fenster Herrn und Frau Kaminski arbeiten: Vater im Büro, Mutter im Verkaufsraum.

«Also, das war so.» Loko bemühte sich, seine Stimme unter Kontrolle zu bringen. «Gestern Nacht ist in unserem Wohnblock eingebrochen worden, in den Keller des Hausmeisters. Teure Schaumweinflaschen wurden geklaut, drei oder vier Kisten, und viele Sachen sind zusammengeschlagen worden!»

«Boaah!» machte Raffi. «Echt voll zusammengeschlagen?»

Simon runzelte die Stirn, so dass sich zwischen

seinen Augenbrauen eine steile Falte bildete. «Aber was hat die Sache denn mit euch zu tun?»

«Das ist es ja gerade!» rief Loko. «Wir haben gestern Nachmittag einen Riesenstreit mit dem Hausmeister gehabt! Und jetzt erzählt der überall rum, wir hätten seinen Keller verwüstet, um uns zu rächen.»

«Verstehe», murmelte Simon, nun doch sichtlich beunruhigt.

Als sich Hufgetrappel näherte, wandten alle die Köpfe. Vom Feldpfad her kam Lokos Schwester Suila mit ihrem Lipizzaner-Schimmel angetrabt. Sie hatte Deboras schwarze Friesenstute Fanny im Schlepptau. Denn seit Debora verletzt war, kümmerte sich Suila auch um das Pferd ihrer Freundin, versorgte es im Stall, säuberte die Box und nahm es mit zum Ausreiten.

«Hoooo!» Vor den Kindern brachte sie die Stuten zum Stehen und sprang aus dem Sattel, wobei ihr schönes langes Haar im Wind flatterte. «Habt ihr schon von unserm Pech gehört?»

Raffi nickte. «Ganz schön vertrackt, was?»

«Eben.» Suila sah zu Boden. «Und ich bin schuld dran.»

«Bist du nicht!» verteidigte ihr Bruder sie.

«Doch, weil ich mit den schmutzigen Reitstiefeln im Haus die Treppe hochgegangen bin. Damit hat alles angefangen. Dabei wollte ich danach gleich sauber machen.»

«Siehst du!» brauste Loko auf. «Ich bin hundertpro sicher, der Hausmeister hat im Treppenhaus gelauert, ehe du's wegwischen konntest.» Den Kids erklärte er: «Der hat auf die paar Erdkrümel gestarrt, als würde das ganze Haus im Matsch versinken! Aber dass der meine

Schwester so anschreit, das kann ich doch nicht zulassen! Da hab ich mich halt mit ihm angelegt.» Etwas leiser fügte er hinzu: «Vielleicht ein bisschen zu krass ... Na ja, einiges hätte ich wohl besser nicht auf diese Weise gesagt. Aber trotzdem!»

Simon kratzte sich am Kopf. «Sieht nicht grade gut aus, das muss ich schon zugeben.»

«Natürlich fällt der Verdacht auf uns!» Suila hielt Fanny am Halfter, die nervös zur Seite tänzelte. Die Friesenstute scheute wegen Zwockel, der bellend eine Katze von der Hundehütte wegscheuchte, um seine Welpen zu beschützen. Der Lipizzaner-Schimmel dagegen blieb seelenruhig stehen, denn Lucy war ein sehr ausgeglichenes, besonnenes Pferd. «Der Hausmeister droht mit Polizei!» fuhr Suila fort. «Die Sache hätte einschneidende Folgen für uns, hat er geschworen. Und die ganze Nachbarschaft starrt uns blöd an.»

«Aber wir waren es nicht!» Loko blickte die Kids eindringlich an. «Helft ihr uns?»

«Logisch! Wofür hat man sonst Freunde?»

«Ihr habt uns auch schon aus brenzligen Lagen gerettet!» doppelte Raffi nach.

Aufmunternd legte Simon den Arm um Lokos Schultern. «Wir denken uns einen Plan aus, wie der Verdacht von euch abgewendet werden könnte.»

«Aber wie soll das bloß gehen?»

«Da wird uns schon was einfallen.»

«Ah, Loko und Suila!» rief Opa von der Vortreppe her. «Kommt ihr etwa auch mit in die Klinik?»

«Ach du Schande!» Raffi schlug sich an die Stirn. «Das hätten wir ja beinahe vergessen!»

«Nein, ich muss Reklame-Sendungen verteilen»,

antwortete Suila und tätschelte die prall gefüllte Tasche auf Lucys Rücken.

«Und ich helfe Suila heute dabei», erklärte Loko.

Den Strohhut gegen die warme Spätfrühlingssonne aufgesetzt, tastete Opa sich mit der Hand am Geländer vorsichtig die Stufen herab. «Ganz der Kavalier, Loko», schmunzelte er. «Genau wie ich dich kenne.»

Das, schoss es Loko durch den Kopf, dachten nun die meisten Leute gerade *nicht* über ihn, ganz im Gegenteil. Bedrückt stieg er aufs Rad und rollte zu den Pferden, wo Suila bereits aufgesessen war.

«Wir besuchen euch später!» Simon schaute den beiden hinterher. «Um zu besprechen, wie ihr am besten aus der Klemme kommt!»

«In Ordnung!» entgegnete Loko, und Suila winkte, während sie vom Hof wegritt.

«Jetzt fangen wir zwei Hündchen ein!» Raffi hüpfte aufgeregt davon. «Und dann geht's los zu Debora! Auf zum Krankenhaus!»

Yo!

2

Debora schob die Bettdecke von ihren Beinen weg, denn im Krankenzimmer herrschte stickige Wärme. Unter ihrem Gips am linken Fuß juckte die Haut, und es machte sie ganz verrückt, dass sie sich dort nicht kratzen konnte. Gedankenverloren hob sie ihr Pferde-Abenteuer-Buch vom Nachttisch, um sich Luft ins Gesicht zu fächeln. Ob Raffi und Simon die Hundebabys wohl zu ihr bringen würden? Sie hoffte es fest und schaute auf die Uhr. Doch der Minutenzeiger wanderte so langsam vorwärts, als wäre er mit Schneckenschleim verklebt. Nach acht Tagen in der Klinik vermisste Debora ihre Familie schon ein bisschen, besonders natürlich ihre Geschwister. Am meisten aber fehlten ihr die Stute Fanny, ihre Freundin Suila und die Hündchen. Als die noch ganz klein waren, durfte man sie nicht streicheln, und jetzt ... Sie hätte viel dafür gegeben, die ulkigen Welpen zu sehen.

Zum Glück war in ihrem Zweierzimmer seit gestern Abend noch ein Mädchen, das sie vom Schulhof her kannte. Franziska hatte violett gefärbtes Haar und Piercing-Ringe an allen möglichen Orten – im rechten Nasenflügel, an der linken Augenbraue und in der Unterlippe. Aus ihrem mitgebrachten Radio schepperte das Hip-

Hop-Programm eines Jugendsenders. Sie wischte sich eine Strähne ihrer zotteligen Frisur aus der Stirn und seufzte laut auf. «Gnadenlose Hitze hier drin, was? Wie auf'm Mond!»

Debora glaubte zwar nicht wirklich, dass es auf dem Mond heiß ist, aber sie nickte trotzdem.

Neugierig deutete Franziska auf ihren Gips. «Wie hast du dir denn das Teil da zugelegt?»

«Sieht schlimmer aus, als es ist. Mein Pferd hat vor einem mega Vogel gescheut, der plötzlich aufflog.»

«Und dann?»

«Na ja, die Stute drückte im Zurückweichen meinen Fuß gegen ein Eisentor, und der Knöchel ist gebrochen.»

«Uuuuu ...» Übertrieben verzog das Mädchen den Mund.

«Musste operiert werden – aber jetzt tut's fast nicht mehr weh. Und du? Weswegen bist du hier?»

Franziska schob sich einen Kaugummi ein. Sie legte den Kopf ins Kissen, blickte zur Zimmerdecke hoch und kaute geräuschvoll. «Eigentlich wegen nichts.»

«Wegen nichts ist man doch nicht in der Klinik.»

«Pfff! Die sagen, ich hätt vielleicht 'ne Gehirnerschütterung – bloß weil ich mal ganz kurz weggetreten bin –, und das müssten sie abklären. Keine große Sache eben. Wenn's nach mir ginge, würd ich jetzt gleich wieder da rausmarschieren.» Sie zeigte zur Tür, die genau in diesem Moment geöffnet wurde.

Herein kam ein Junge, den Debora ebenfalls von der Schule kannte. Er hatte dunkles Stachelhaar mit Gel drin und sah unheimlich gut aus. Aber sie wusste nicht viel mehr über ihn, als dass er Mirko hieß. In seiner ultraweiten Hose gondelte er direkt zu Franziska hinüber.

«Yo!» sagte er und gab ihr eine Musikkassette. «Damit du nicht auf Entzug kommst!»

«Na, endlich!» Sie strahlte. «Ich hab schon gedacht, dieser öde Tran hier bringt mich noch ins Grab.» Sie schaltete den Jugendsender ab, legte das Band ins Kassettenfach und drehte die Lautstärke voll auf. Aus den Boxen dröhnte ein Hip-Hop-Song, der in Deboras Ohren auch nicht groß anders klang als das Rundfunkprogramm vorhin.

Mirko streckte Franziska die flache Hand hin. «Gib mir Fünf!»

Lässig klatschte sie ihre darauf. «Und? Ist alles glatt gelaufen?»

Er nickte und lächelte vielsagend: «Die anderen lassen dich grüßen – du weißt schon ...»

«Das ist aber viel zu laut hier drin!» mahnte die Krankenschwester, die eben eintrat und gemäß ihrem Namensschild am Kittel «Schwester Hildegard» hieß. Sie eilte zu Franziska und leuchtete ihr mit einer schmalen Stablampe ins Auge.

«Nicht schon wieder!» stöhnte das Mädchen. «Die ganze Zeit blendet die mich!»

«Wieso tun Sie das, ey?» beschwerte sich Mirko gereizt.

«Um die Pupillen zu prüfen», erklärte die Schwester ruhig. «Wenn die Pupillen sich im Licht verkleinern, zeigt das, dass die Hirn-Reflexe einwandfrei funktionieren.»

«Aber wenn's doch blendet!» beharrte Mirko.

«Es muss leider sein.» Hildegard beugte sich vor und stellte den Kassettenrekorder ab. «Man versteht ja sein eigenes Wort nicht mehr.»

«Dann müssen Sie eben lauter sprechen», motzte Franziska.

«Oder sich konkret Watte in die Ohren stopfen, Mann!» brummte Mirko, worauf das Mädchen schallend loslachte.

Nebenan musste sich Debora das Grinsen verkneifen. Sie fand den Jungen zwar ganz schön frech, aber irgendwie gefiel er ihr dennoch.

Die Krankenschwester bedachte Mirko mit einem schneidenden Blick. «In zehn Minuten bringe ich das Mittagessen, dann will ich dich hier nicht mehr sehen.»

Als sie zur Tür ging, streckte Franziska ihr die Zunge heraus und ließ dabei einen glänzenden Stecker sehen – ein Piercing in der Zungenspitze, das Debora bisher noch gar nicht bemerkt hatte.

«Bla, bla, bla», nölte Mirko, als die Schwester weg war. Gelassen schaltete er den Rekorder wieder ein. «Olle Tussi!»

«Voll cool!» lobte Franziska. «Der hast du's richtig gegeben!»

«Seid ihr immer so drauf wie eben?» wunderte sich Debora.

Franziska machte eine wegwerfende Handbewegung. «Das ist noch gar nichts. Der Typ da hat noch ganz andere Sachen drauf, stimmt's? Erzähl's ihr!»

«Ach, komm!» wiegelte Mirko ab.

«Doch, mach schon!»

«Wer ist denn die überhaupt? Ich red höchstens mit ihr, weil sie so hübsch ist.» Der Junge blickte Debora voll ins Gesicht. «Kenn ich dich nicht von der Schule?»

Sie zuckte innerlich zusammen und nickte.

«Yo, dann weißt du ja schon einiges!»

«Ja, aber dass du im Laden nie bezahlst, das weiß sie noch nicht!» Franziska stellte die Musik leiser, um nicht so schreien zu müssen. Dabei zwinkerte sie Debora zu. «Der lässt immer alles mitgehen!» Dann sah sie Mirko auffordernd an. «Erzähl ihr doch mal von deinen Spray-Aktionen!»

«Die?» Bei diesem Thema kam er ins Schwärmen. «Am besten gefallen mir meine großen Graffiti auf den Bahnwaggons. Die fahren überall hin, und dann kann man im ganzen Land meine *Pieces* sehen.»

«Bist du denn dabei noch nie erwischt worden?» staunte Debora.

«Das ist ja die Kunst beim Sprayen.» Er grinste stolz. «Aber nicht nur da – wenn ich im Bus oder im Zug schwarzfahre und die Sitze aufschlitze oder die Scheiben zerkratze, wär's auch nicht grade cool, erwischt zu werden.»

«Voll uncool», nickte Franziska.

«Mal haben sie mich fast geschnappt», sagte Mirko lässig. «Ich konnte die Bullen grade noch abhängen.»

Debora wurde es allmählich unbehaglich, doch sie stellte sich vor, in Wirklichkeit wäre Mirko bestimmt viel netter – die Geschichten hier passten überhaupt nicht zu ihm. Natürlich war er ihr schon oft im Schulhof aufgefallen. Alle Schüler behandelten ihn mit Respekt. Nicht mal die Lehrer trauten sich etwas zu sagen, wenn er in der

Parkanlage nebenan rauchte. Er hatte immer eine passende Antwort parat. Und er war stark – das zeigten schon die geschmeidigen Muskeln, die sein ärmelloses T-Shirt sehen ließ.

«Wirklich hübsch, echt», murmelte Mirko. «Wie heißt du denn eigentlich?»

«Debora», antwortete sie verlegen, da sie sich in ihren Gedanken über ihn ertappt fühlte.

«Voll fetter Name», fand Mirko.

«Poa!» machte Franziska und ließ eine Kaugummiblase platzen. «So'n Gesülze hör ich jetzt aber zum ersten Mal von dir, Mann!»

Heimliche Fracht

3

Am Eingang der Klinik hielt Raffi die gläserne Tür für Opa und Simon auf. Als die drei die Vorhalle durchquerten, wurde Simon das Gefühl nicht los, alle Leute starrten auf seinen Rucksack mit den Hündchen drin. Deshalb hatte er es ziemlich eilig, zu den Aufzügen zu kommen.

«In welchem Stockwerk liegt Debora gleich?» nuschelte Opa. «Ich hab's vergessen.»

Raffi drückte auf den Knopf. «Im dritten!» wusste sie noch von den vielen Besuchen bei ihrer Schwester.

Deutlich spürte Simon am Rücken die Welpen herumturnen, doch der Fahrstuhl wollte und wollte nicht kommen. Dem Jungen schien es, die Zeit krieche vorbei wie eine Ameise mit gebrochenen Beinen. Er wurde immer kribbeliger. «Stellt euch dicht hinter mich, damit's weniger auffällt», raunte er.

Die Kleine konnte ein Kichern nicht unterdrücken, während sie mit Großvater die Sicht auf den Rucksack abschirmte.

Als die Fahrstuhltür endlich aufging, traten die Kaminskis rasch ein.

Simon drückte Taste Nummer drei und atmete auf. «Poa, ich dachte schon, das wird nicht mehr! Der langsamste Aufzug der Welt!»

Doch gerade bevor die Tür wieder zuglitt, hastete ein Arzt zu ihnen herein. Er trug einen weißen Kittel und hatte ein Stethoskop umgehängt.

«Oh-oh», machte Raffi leise, als sie losfuhren. Bange beobachtete sie, wie die Hundepfötchen im Rucksack den Stoff ausbeulten und an ständig wechselnden Stellen herausdrückten. Die Krällchen verursachten dabei ein schrappendes Geräusch, weshalb der Arzt plötzlich hinsah. Um ihn abzulenken, kratzte Raffi sich schnell am Kopf und lächelte den Doktor überfreundlich an.

Und Opa sagte, ohne zu zögern: «Schöner Tag, nicht?», während Simon daneben am liebsten im Boden versunken wäre.

«Nicht wirklich», antwortete der Arzt. «Wir haben ziemlichen Stress.» Als sie in der dritten Etage anlangten, stürmte er in den Korridor hinaus.

Erleichtert folgten ihm die Kaminskis. «Das war knapp», flüsterte Opa.

Die Absätze des Arztes quietschten auf dem glänzenden Linoleum. Er rannte ins Stationszimmer und rief: «Schwester Andrea, schnell! Kommen Sie unverzüglich in Abteilung D!»

«Wir sind aber nur zu zweit – Hildegard und ich müssen das Mittagessen ausgeben.»

«Das kann warten! Schnell! Ein Notfall!»

«Ich mach das schon alleine hier», meinte Schwester Hildegard beruhigend.

Schon kam der Doktor mit der Krankenschwester im Schlepptau zurück, und die beiden hasteten in den Aufzug.

Kaum war die Tür zu, brummte Großvater: «So! Und nun aber los zu Debora!»

Während ihre Sohlen den Korridor entlangquietschten, versuchten die Hündchen dauernd aus dem Rucksack zu krabbeln. Zu allem Überfluss begannen sie nun auch noch zu fiepsen – sie wollten bellen, aber ihre Hals-Organe waren glücklicherweise noch zu schwach dazu.

Vor Deboras Zimmer hielt Opa an. «Wo ist denn hier die nächste Toilette?»

Raffi verzog den Mund. «Musst du denn ausgerechnet jetzt?»

«Nö. Aber gewisse Dinge im Voraus zu wissen ist immer nützlich», meinte er vieldeutig.

«Gleich vor deiner Nase!» Die Kleine zeigte auf den Eingang gegenüber, dessen Aufschrift *WC* der alte Mann aufgrund seiner beinahe vollständigen Blindheit natürlich nicht hatte sehen können.

«In Ordnung. Schön, schön.»

Simon drückte die Klinke der Krankenzimmertür runter, und alle drei traten ein. Sofort setzte sich Debora im Bett auf. Sie strahlte übers ganze Gesicht. «Echt super, dass ihr gekommen seid! Habt ihr sie dabei?»

«Hallo, Debora», grüßte Opa fröhlich. «Bist du frisch und munter?»

«Klar, mir geht's gut!»

Nach einem abwägenden Seitenblick zu Franziska und Mirko öffnete Simon den Rucksack, worauf die Welpen flink ihre Köpfchen herausstreckten.

«Gleich wird die Krankenschwester das Essen bringen!» warnte Debora. «Was sollen wir jetzt machen?»

«Ein wenig Spaß haben», schmunzelte Opa und verschwand auf den Korridor. Dort tastete er sich zum Toilettenraum hinüber und suchte drinnen die einzelnen

WC-Kabinen. In einer davon holte er zielstrebig die Klopapier-Rolle heraus. Er legte sie in die angrenzende Kabine, tappte zurück zur ersten und schloss sich ein. Und dann drückte er auf den Alarmknopf.

Es dauerte keine Minute, bis Schwester Hildegard in den Toilettenraum hereineilte. Sie sah, dass nur eine Kabine das rote BESETZT-Schild trug, und fragte durch die Tür hindurch: «Ist da wer drin?»

«Ja, ich», antwortete Opa.

«Und was ist los?»

«Ich habe ein Problem.»

«Was denn für eins?»

«Das kann ich Ihnen nicht sagen.»

«Warum denn nicht?» Sie schaute ungeduldig auf ihre Uhr. «Wir könnten besser sprechen, wenn Sie vielleicht mal öffneten.»

«Das geht nicht.»

«Und weshalb nicht?»

«Weil ich nicht angekleidet bin», brummte Großvater in seiner Kabine.

«Aber sonst geht es Ihnen gut?»

«Nein. Es ist kein Klopapier da.»

«Aha.» Sie holte aus dem Abteil nebenan eine Rolle und schob sie unter der Trennwand hindurch. «Aber die Tür öffnen können Sie?»

«Sie meinen, wenn ich angekleidet wäre?»

«Ziehen Sie sich an», forderte sie ihn auf. «Ich hole einen Ersatzschlüssel und schließe von außen auf.»

«Ja, wenn Sie meinen ...» Opa schmunzelte im Verborgenen und machte sich in aller Ruhe bereit. Als er nach einer Weile hörte, dass die Krankenschwester zurückkam, betätigte er die Spülung und verließ die WC-Kabine. Alle Zeit der Welt beanspruchend, tappte er zur Wand hinüber und lehnte sich tief aufatmend dagegen.

Schwester Hildegard beobachtete ihn aufmerksam und fragte sich, ob der alte Mann wohl einen Schwächeanfall hatte oder einfach nur sehr schlecht sah. «Sind Sie sicher, dass Sie in Ordnung sind?»

«Das schon», murmelte er und stützte sich auf dem Waschbecken ab.

Der Krankenschwester kam die Sache nicht geheuer vor. «Wissen Sie, was? Wir beide gehen jetzt zu einem schönen Sessel im Flur», schlug sie vor. «Da setzen Sie sich erst mal hin und ruhen sich ein bisschen aus. Und ich besorge Ihnen ein schönes Glas Wasser.»

«Das wäre wunderbar, mein Kind», seufzte Opa, und als Schwester Hildegard sich bei ihm unterhakte, um ihm Halt zu geben, huschte ein schalkhaftes Lächeln über sein Gesicht.

Zoff mit Herrn Müller

4

Im Krankenzimmer streichelte Debora die Hündchen. «Sind die süß! Süß, süß, süß!» Sie konnte sich kaum beruhigen. «Welche beiden sind denn das?»

Raffi zeigte auf das dunkel Gefleckte. «Das da ist Herr Müller, und das andere ist Sindy.»

Genüsslich ließ sich das Junge von Debora kraulen – doch Herr Müller tapste drollig auf dem Bett davon.

«Hier geblieben!» Simon hob ihn hoch und setzte den Welpen auf Deboras Schoß zurück.

«Wie geht's eigentlich Suila?» wollte sie wissen. «Kommt sie klar mit meinem Pferd?»

«Nicht so gut», antwortete Raffi.

«Die Stute ist nicht das Problem», erklärte ihr Bruder. «Suila steckt in ganz anderen Schwierigkeiten.»

Während Debora besorgt aufschaute, lächelte Franziska merkwürdig zufrieden, als sie das hörte. «Was hat sie denn bloß?» mischte sie sich ein.

«Ach, du kennst sie? Bist du auch mit ihr befreundet?»

Auf einen Schlag fiel Franziska das Lächeln aus dem Gesicht. «Nein!» Rasch wechselte sie das Thema: «Find ich super, dass du dich hier über die Regeln hinwegsetzt, um die Hundebabys zu sehen. Die sind echt niedlich.» Sie zeigte auf Herrn Müller, der sich schon wieder selbständig machen wollte. «Besonders das da! Darf ich's auch mal halten?»

«Na klar!» Raffi reichte dem Mädchen das Hündchen hinüber.

Liebevoll herzte Franziska den Welpen und kitzelte ihn am Hals. «Bist du aber schnucklig!»

Derweil musterte Simon den Jungen am Bett nebenan. Über den hatte er schon einiges gehört – und das meiste davon war nicht gerade lupenrein. Ihm wurde etwas mulmig bei dem Gedanken, dass Mirko ihre verbotene Aktion hier mitbekam. Keine Ahnung, was der aus diesem Wissen machen würde ...

Doch im Gegensatz zu Franziska schien sich ihr Besucher nicht besonders für die Hündchen zu interessieren. Mit gelangweiltem Gesichtsausdruck stellte sich Mirko ans offene Fenster, kramte aus seiner Hosentasche ein Päckchen Zigaretten hervor und zündete sich eine an. Das Streichholz warf er achtlos zu Boden, wobei es erlosch.

«So, hier ist Ihre Erfrischung!» Schwester Hildegard hielt Opa im Korridor ein Glas Wasser hin.

Er richtete sich im Sessel auf und tastete umständlich nach dem Glas. «Vielen Dank, mein Kind.»

«Was machen Sie eigentlich hier auf der Kinderabteilung?»

«Ich besuche meine Enkelin – wollte ihr eine Freude machen», antwortete er wahrheitsgetreu. «Debora Kaminski in Zimmer 38.»

«Aha. Ja, sie wird sich bestimmt freuen. Morgen darf sie nach Hause.» Ruhelos schaute Hildegard wieder auf die Uhr. «Jetzt muss ich aber unbedingt das Mittagessen verteilen!»

Schon eilte sie davon.

«Ähm, Schwester – könnten Sie vielleicht noch einen Augenblick hier bleiben?»

Sie hielt an und wandte sich angespannt um. «Fühlen Sie sich etwas besser?»

Vorsichtig nahm Opa einen Schluck Wasser. Und dann, nach einer kleinen Pause, gleich nochmals einen. «Nicht wirklich», murmelte er schließlich, was ja stimmte, denn er hatte sich vorhin gar nicht schlecht gefühlt. «Schwester, wäre es wohl möglich ...»

«Was denn?»

«Nein, das wäre zu viel verlangt.» Entschieden schüttelte er den Kopf. «Sie sind bereits zu gütig gewesen zu mir.»

Hildegard kam ein paar Schritte zurück. «Sagen Sie's ruhig!»

«Tja, es ist so – das Wasser ist toll, aber ... Nein, ich kann unmöglich noch mehr von Ihnen verlangen. Zu viel ist zu viel.»

«Jetzt sagen Sie's doch endlich!»

«Also, sehen Sie ... Eine Tasse Milch würde mir sehr gut tun. Mich ein wenig stärken. Sie wissen ja – die vielen Vitamine, die Proteine, die Spurenelemente ...»

«Ist ja gut», unterbrach sie ihn, bevor er noch weitere Vorteile der Milch aufzählen konnte. «Ich hol Ihnen eine.»

Und damit hastete sie los.

«Nein, warten Sie! Sie sind doch ohnehin bereits derart beschäftigt!»

«Schon in Ordnung!» rief sie über die Schulter zurück. «Aber danach muss ich wirklich das Essen ausgeben.»

«Also wahrhaftig», schwelgte er. «Sie sind wirklich ein gutes Kind!»

Kaum war sie weg, mühte er sich aus dem Sessel und tappte zu Deboras Krankenzimmer. Leise öffnete er die Tür und brummte in den Raum hinein: «Macht euch bereit, die Schwester ist im Anmarsch!»

«Okay, weg mit den Hündchen!» Aufgeregt nahm Raffi das Junge aus Deboras Schoß und schob es in den Rucksack.

Als Simon nach dem zweiten Hundebaby greifen wollte, wehrte Franziska ab. «Nein, ich will's noch ein bisschen halten!»

Er verdrehte die Augen. «Du hast doch gehört ...»

Aber statt Herrn Müller herauszurücken, streckte sie ihn so weit zur anderen Seite, dass ihn Simon nicht erwischte.

«Gib sofort her!»

Vom Fenster her warf Mirko ihm einen warnenden Blick zu. «Lass sie doch, Mann, ey!»

Herr Müller strampelte wild mit den Beinchen in der Luft. Doch plötzlich wand er sich aus Franziskas Hand

und plumpste zu Boden. Sofort sprang Simon hin, aber bevor er das Junge packen konnte, rannte es unters Bett.

Blitzartig bückten sich die Kids und hielten verdutzt inne. Denn Herr Müller hob das Bein und pinkelte gegen den Bettpfosten!

«Oh nein!» Raffi ließ sich fallen, aber da war das Hündchen schon wieder weg.

Fieberhaft jagte Simon hinter ihm her und versuchte es in Raffis Richtung zu treiben. Eine richtige Verfolgungsjagd entstand. Währenddessen sorgte Debora dafür, dass Sindy nicht davonkrabbelte.

Von dem ganzen Tumult unbeeindruckt, blies Mirko eine miefende Qualmwolke in den Raum und schnippte danach seine Zigarette aus dem Fenster.

«Na endlich!» Simon hatte Herrn Müller in einer Zimmerecke zu fassen gekriegt. Sachte nahm er ihn hoch, hastete zu Debora und steckte ihn in den Rucksack.

In diesem Augenblick ging die Tür auf, und die Krankenschwester kam herein.

Die Verlockung

5

«Mittagessen!» verkündete Schwester Hildegard. Im Zimmer fiel ihr Blick sofort auf Mirko. «Jetzt bist du immer noch da?»

Rasch band Simon den Rucksack zu. Nachdem sie es im letzten Moment geschafft hatten, die Hündchen einzupacken, konnten die Kaminski-Kids nun ihre Erleichterung nur mit Mühe verbergen. Raffis Lippen zitterten, dann begann ihr ganzer Körper zu zucken, und obwohl sie sich die Hand vor den Mund hielt, platzte sie mit einem Mal laut heraus. Jetzt konnten sich auch die anderen Kinder nicht länger beherrschen. Alle brachen in ein schallendes Gelächter aus. Selbst Mirko musste schmunzeln.

«Ihr habt es aber lustig», meinte die Krankenschwester, während sie Debora das Essenstablett hinstellte.

Als sie Franziska die Mahlzeit geben wollte, schnupperte sie plötzlich in der Luft. «Was riecht denn da so? Jemand hat hier drin geraucht! Ihr wisst ganz genau, dass das verboten ist.»

Da entdeckte sie das angebrannte Streichholz auf dem Fußboden direkt neben Mirko liegen. «Das warst bestimmt du!»

«Na super!» konterte er. «Wieder mal voll typisch – bloß weil ich Ausländer bin, soll ich's gewesen sein, ey!»

«Das hat überhaupt nichts damit zu tun!»

«Aber klaro!» warf Franziska ein. «Geben Sie's doch zu! Ausländerhasserin!»

«Also, das ist ja unglaublich!» Hildegard verlor nun doch ein wenig die Fassung.

Die Kids nutzten die Verwirrung, um sich aus dem Staub zu machen. Eilig verabschiedeten sie sich von Debora, bevor die Krankenschwester am Ende noch auf die Welpen aufmerksam würde.

Auch Mirko zog los. Als er an Debora vorüberging, blinzelte er ihr zu. «Vielleicht sehen wir uns mal wieder, yo!» Nach einem Seitenblick auf Raffi und Simon, die eben das Zimmer verließen, zuckte er mit den Schultern. «Die zwei da – na ja, lassen wir's. Weiß gar nicht, wie die so 'ne klasse Schwester wie dich verdient haben.» Und locker fügte er hinzu: «Tschüss, Schätzchen.»

Debora wusste gar nicht, wie ihr geschah. Sie brachte kein Wort heraus, bis die Tür ins Schloss fiel.

Im Korridor hastete die Krankenschwester an den Kids vorbei. Ausgerechnet in diesem Moment fiepten die Hündchen unüberhörbar auf.

Hildegard blieb stehen. «Was war das?»

«Was?» Opa erhob sich laut ächzend aus seinem Sessel und streckte die Tasse in die Luft. «Hier, mein

Kind! Die Milch war ausgezeichnet. Ich fühle mich wie neugeboren!» redete er auf die Schwester ein, ehe sie noch weiter über das auffällige Geräusch nachdenken konnte. «Vielen Dank auch! War wirklich nett von Ihnen!»

Sie nahm die Tasse und murmelte verwirrt: «Jetzt hör ich schon Gespenster! Der Stress hier wird allmählich wirklich zu viel ...»

Da setzten die Welpen zu einem neuen Fiepser an. Um sie zu übertönen, gab Großvater einen kolossalen, lang gezogenen Räusperer von sich: «Hhhhüükhmmmm!»

Ermattet schüttelte Hildegard den Kopf und eilte davon.

Opa zwinkerte den Kids zu, und die grinsten bis über beide Ohren. Doch das verging ihnen schnell, als Mirko lässig gegen den Rucksack tätschelte und rief: «Hey, Schwester!»

«Was ist denn?» fragte sie über die Schulter.

Bestürzt hielten Simon und Raffi die Luft an.

Mirko zog die Lippen schmal: «Nichts, nichts ...»

«Das ist ein Tag heute!» seufzte Hildegard und hetzte weiter.

Regungslos ließ Mirko den Blick über die drei Kaminskis schweifen. Schließlich raunzte er Opa an: «Was starren Sie mich so blöd an, Mann? Bin ich konkret Kino oder was?»

«Im Kino gibt's doch Popcorn», lächelte Großvater freundlich. «Hast du zufällig welches dabei?»

Ausnahmsweise fehlten Mirko die Worte. Schweigend hob er den Stinkefinger, wandte sich ab und gondelte zu den Aufzügen davon.

«Ich glaub, meine Lauscher spinnen!» Franziska äffte in ihrem Bett Mirko nach: «Hübsche Süße, yo! Tschüss, Schätzchen! Hat der Typ ’ne Macke?»

«Ich find ihn irgendwie ganz nett», meinte Debora.

«Ganz nett? Das ist der hübscheste Junge im ganzen Dorf! Und du findest ihn ‹ganz nett›?»

«Na ja ...» Debora wollte nicht darüber reden, dass sie ihn vielleicht ein bisschen mehr als nur nett fand. Deshalb sagte sie: «Du, wovon hast du eigentlich deine Gehirnerschütterung bekommen?»

«Ich hab ja gar keine.» Franziska drehte das Kassettengerät lauter und wiegte den Kopf im Takt der Musik.

«Aber das, was du hast – wie ist das denn passiert?»

«Bin hingefallen.»

«Autsch! Wo denn?»

«Auf’m Gehsteig. Das ist jedenfalls das, was ich meinen Eltern und den Ärzten erzählt hab.»

Schlagartig stieg Deboras Interesse noch mehr. «Und was ist die Wahrheit?»

«Na ja, es stimmt schon, dass ich mit dem Kopf ein bisschen aufgeschlagen bin – aber nicht am Bürgersteig, sondern gegen die Stirn eines Jungen. Hab ihm bei ’ner kleinen Prügelei gestern Abend ’ne Kopfnuss gegeben. Der Typ ist zwei Jahre älter als ich. Liegt jetzt übrigens in der Etage über uns. Mit ’nem gebrochenen Nasenbein.»

«Poa!» Debora konnte ihre Bewunderung nicht verbergen. «Du hast gegen einen zwei Jahre älteren Jungen gekämpft?»

«Das gefällt dir, was?» lächelte Franziska und senkte bedeutungsvoll die Stimme. «Ich sag dir jetzt mal was – 'n Geheimnis. Muss aber unter uns bleiben.»

In der Magengegend spürte Debora ein Kribbeln. Aufmerksam beugte sie sich ein wenig zu dem gepiercten Mädchen hinüber.

«Ich bin in 'ner Bande», verriet Franziska. «Da machen wir immer voll coole Sachen. Wenn du willst, kann ich dich mal mitnehmen.»

Das klang irgendwie verlockend, dachte Debora. «Und Mirko? Gehört der auch zur Bande?»

Das Mädchen lachte. «Klarer Fall! Logo!»

«Mal sehen. Vielleicht komm ich mal hin.»

«Na Bingo!» Franziska ließ eine Kaugummiblase platzen und streckte sich genüsslich im Bett aus.

Auch Debora legte sich wieder hin. Sie fragte sich, ob sie trotz der zahlreichen Abenteuer, die sie bisher erlebt hatte, nicht eigentlich viel zu brav war. Und ob andere Mädchen nicht viel mehr Spaß am Leben hatten als sie. Plötzlich kroch die Angst in ihr hoch, sie könnte etwas verpassen. Und das Leben verpassen – nein, das wollte sie auf keinen Fall.

Die einzige Chance

6

Simon und Raffi lieferten die Hündchen zu Hause ab und aßen noch schnell ein Sandwich. Gleich danach pedalten sie auf ihren Fahrrädern zur anderen Seite des Dorfes, wo Loko und Suila wohnten. Bei der alten Schuhfabrik stieg dichter schwarzer Rauch aus dem Schornstein in den Nachmittagshimmel.

«Das mieft hier aber!» Mit einer Hand hielt sich Raffi die Nase zu. Doch dabei verlor sie die Kontrolle über das Rad, schlingerte wild und stürzte zu Boden.

Simon bremste scharf. «Hast du dir wehgetan?» Er sprang vom Sattel und wollte ihr beim Aufstehen helfen.

«Nein!» Genervt befreite sie sich von ihm. «Ich hasse mich, ich hasse mich, ich hasse mich!» Sie konnte es nicht ausstehen, wenn sie sich vor jemandem blamierte.

«Na komm, ich bin auch schon ein paar Mal hingefallen», versuchte er sie zu trösten. «Hast du dir wirklich nichts getan?»

Schmollend wischte sie sich den Staub von der Hose. «Nein, wenn ich's doch sage!»

Die beiden schoben ihre Räder zu den grauen Wohnblöcken hinüber und stellten sie vor dem Haus ab, in dem Loko und Suila lebten. Deren Vater, Herr

Gülgün, arbeitete in der Schuhfabrik, weshalb seine Familie Anrecht auf eine Wohnung in der Siedlung hatte.

Im Eingangsflur hielt Simon seine Schwester zurück. «Lass uns kurz 'nen Blick in den Keller werfen. Möchte wissen, wie's da aussieht nach dem Einbruch.»

«Okay.» Sie folgte ihm die Stufen zum Untergeschoss hinab.

In der Tiefe öffnete er vorsichtig die Tür und tastete nach dem Lichtschalter, worauf zwei Leuchtröhren an der Decke aufflammten.

Der Zutritt war durch ein gestreiftes Band versperrt. In dem kühlen Kellerraum stand nur ein Abteil offen. Darin herrschte ein unglaubliches Durcheinander. Geborstene Holzregale und aufgeschlitzte Winterkleider lagen kreuz und quer, übersät von zersplitterten Kompottgläsern und verschmiert mit ausgelaufener Marmelade.

«Poa!» staunte Raffi. «Hier sieht's ja aus, als hätte eine Bombe eingeschlagen!»

In diesem Augenblick drangen Stimmen zu ihnen herab. Rasch löschte Simon das Licht aus und zog die Tür zu.

Atemlos hasteten die Kids die Stiege hoch. Als sie merkten, dass die Stimmen aus einer der oberen Etagen kamen, hielten sie an.

«Für mich ist es völlig klar, dass Loko und Suila das waren!» sagte eben jemand.

Simon gab Raffi ein Zeichen, leise weiter hinaufzusteigen. Lautlos schlichen sie an Gülgüns Wohnung vorbei um den Treppenabsatz herum. Von hier aus konnten sie drei Männer sehen, die einen Flur höher mit dem Rücken zu ihnen standen.

«Vier Kisten edler Schaumwein sind weg – die hab ich extra fürs Firmenfest gekauft!» Der hagere Hausmeister zupfte an seinem blauen Arbeitskittel herum. «Und das wertvolle Ölgemälde meiner Großmutter solltet ihr erst mal sehen! Ein Erbstück – nur noch Fetzen davon übrig!»

«Also, ich hab bei mir im Erdgeschoss tatsächlich ein Gekrache von unten gehört», erzählte der schwarzhaarige Mann, der näher zur Treppe stand. «Aber ich hab mir gedacht, dass Sie selbst vielleicht was im Keller aufräumen.»

«Aufräumen ist gut!»

«Aber gesehen hab ich niemanden», fügte der Schwarzhaarige noch hinzu.

«Natürlich sieht man niemanden, wenn die Strolche im eigenen Haus wohnen!» schnaubte der Hausmeister. «Die Sache ist doch völlig klar. Ich hatte gestern 'ne kleine Auseinandersetzung mit den Gülgün-Kindern, weil die das ganze Treppenhaus verdreckt hatten. Und wisst ihr, was Loko, dieser freche Kerl, da zu mir gesagt hat? ‹Es wird Ihnen noch leid tun, sich mit uns angelegt zu haben› – das hat der mir an den Kopf geschmissen!»

Raffi und Simon warfen sich einen besorgten Blick zu. Was sie da erfuhren, brachte sie ziemlich aus der Fassung. Trotzdem blieben sie mucksmäuschenstill und kauerten auf den Steinstufen, die den scharfen Geruch von Hochglanzreiniger ausströmten.

«Dann ist der Fall aber wirklich klar», schaltete sich der schlanke Große ein, der bisher noch nichts gesagt hatte. «Diese Ausländer sollte man alle zusammen nach Hause schicken, zurück in ihre Hütten, wo sie hergekommen sind, wenn sie sich hier nicht anständig benehmen können!»

«Na, na, na», wandte der Hausmeister ein. «Sie brauchen nicht gleich alle in einen Topf zu werfen. Unter denen gibt's genauso gute und schlechte Leute wie unter uns Einheimischen auch.»

Der mit dem schwarzen Haar schüttelte langsam den Kopf. «Hätte ich von Loko echt nicht gedacht. Sein Vater Yilmaz ist ein Landsmann von mir, und er erzieht seine Kinder gut und streng, das weiß ich. Aber das hier klingt wirklich übel.»

«Ich hab jedenfalls Anzeige erstattet. So was lass ich mir nicht bieten!» Der Hausmeister klopfte sich die Schürze ab. «Wenn sich herausstellt, dass die das wirklich waren, werd ich persönlich dafür sorgen, dass denen die Wohnung gekündigt wird.»

«Pha!» stieß der Großgewachsene hervor. «Was braucht's denn da noch Beweise? Sind doch immer die Ausländer, wenn irgendwo was passiert! Kann man ja jeden Tag in der Zeitung lesen!» Und zum Schwarzhaarigen sagte er: «Natürlich meine ich nicht *Sie* damit.»

«Ist ja gut», murmelte dieser betreten.

Simon erhob sich und machte ein paar Schritte rückwärts. Als Raffi auch kam, stahlen sich die beiden unbemerkt davon.

Die Kids klingelten bei Gülgüns, zogen die Schuhe aus und stellten sie in die ordentliche Reihe von Stiefeln und Schuhpaaren neben der Tür.

Suila öffnete. «Da seid ihr ja! Kommt rein!» Sie war eben erst von den Pferden zurückgekommen und trug noch die Reithose.

Als sie Simon und Raffi am Elternschlafzimmer vorbeiführte, flüsterte sie: «Mutter ist heute zu Hause. Sie ist krank.»

«Hallo, Kinder», murmelte Frau Gülgün schwach aus dem abgedunkelten Raum.

Im Wohnzimmer hatte Loko vier Gläser Cola und eine Schale mit Salzbrezeln aufs Couchtischchen gestellt.

Die drei fläzten sich zu ihm in die Polstersitzgruppe.

«Überall hören die Leute auf zu reden, wenn einer von uns vorbeikommt», sprudelte Loko heraus. «Es ist, als hätten wir die Pest. Nicht mal die anderen ausländischen Mieter im Haus halten zu uns. Oder sie sagen's zumindest nicht. Die haben mega Angst, selbst Schwierigkeiten zu kriegen.»

«Mutter hat die ganze Sache extrem mitgenommen», erklärte Suila. «Sie kommt kaum mehr aus dem Bett und hat starke Kopfschmerzen.»

«Und Vater hat uns die halbe Nacht lang ausgefragt», schob Loko nach. «Wo wir waren, als es passierte, und ob wir wirklich nichts mit der Sache zu tun hätten. Ich musste ihm alles haarklein erzählen.»

Raffi, die sich gerade eine Brezel aussuchte, schaute auf. «Und dann?»

«Dann hat er mir natürlich Vorwürfe gemacht. Dass ich zum Hausmeister so frech war – wir könnten uns so was nicht erlauben, wir hätten jetzt ja gesehen, was dabei rauskommt.»

Der Gedanke, dass Lokos Drohspruch noch üble

Folgen haben könnte, war Simon auch schon gekommen. Unruhig musterte er seinen Freund. «Hast du dem Hausmeister wirklich gesagt, es würde ihm noch leid tun, dass er sich mit dir angelegt hat?»

«Na ja ...» Loko wand sich betroffen. «Mir sind eben die Nerven durchgegangen in der Hitze des Gefechts. Natürlich ist das nicht gerade gut, besonders nach allem, was ich früher auf dem Kerbholz hatte ... Aber wenn man meine Familie angreift, muss ich sie doch verteidigen!»

«Weißt du, das wegen der Anzeige ...» Achtsam wägte Simon die Worte ab. «Es könnte sein, dass die Polizei eine Durchsuchung eurer Wohnung vornehmen will, um zu sehen, ob die Schaumweinflaschen hier versteckt sind ... Wäre das ein Problem für dich?»

«Jetzt fängst du auch noch an! Glaubst du etwa auch, dass ich's gewesen bin?»

«Nein, nein, ich frag ja nur wegen ...»

«Sag's ruhig! Dann weiß ich gleich, dass alle gegen uns sind!» Die Angelegenheit brachte Loko immer mehr durcheinander.

Doch Simon klopfte ihm freundschaftlich auf den Rücken. «Jetzt bleib mal auf dem Teppich. Wir halten doch zu euch.»

«Ihr schon.» Total bedrückt sah Suila auf ihre bestrumpften Zehen. «Aber alle anderen ... Was sollen wir bloß tun?»

«Ich weiß was!» rief Raffi mit funkelnden Augen. «Ihr sagt einfach der Polizei, wo ihr gewesen seid, als der Einbruch war! Dann wissen die, dass ihr's gar nicht gewesen sein könnt!»

«Das ist es ja gerade.» Niedergeschlagen beugte sich Loko vor und verbarg den Kopf in den Händen. «Wir waren allein zu Hause – und das kann natürlich jeder behaupten.»

«Schade.» Simon nahm nachdenklich einen Schluck Cola und stellte das Glas wieder hin. «Also, die Gefahr ist echt groß, dass die Polizei sich auf euch einschießt wie alle andern auch.» Er biss sich auf die Lippe. «Ich denke, uns bleibt nichts anderes übrig, als auf eigene Faust den Täter zu finden – und so eure Unschuld zu beweisen.»

Loko blickte zwischen seinen Fingern hindurch. «Und du glaubst, das schaffen wir?»

Angespannt warteten beide Mädchen auf Simons Antwort.

«Versuchen müssen wir's», murmelte er. «Es ist unsere einzige Chance.» Doch er war sich gar nicht so sicher, ob die Sache diesmal wirklich gut ausgehen würde.

Der Boss

7

Strahlendes Sonnenlicht blendete Debora, als sie aus dem Krankenhaus humpelte. Sie kam nur langsam vorwärts, da sie noch nicht an ihre Krücken gewohnt war.

Franziska, die ebenfalls aus der Klinik entlassen wurde, schlurfte pfeifend neben ihr her. Sie trug einen violetten, fast bodenlangen Uralt-Mantel, der zwar großartig zu ihrer Haarfarbe passte, aber überhaupt nicht zur Hitze des Tages.

Auf dem Parkplatz wartete Silvia, die Haushaltshilfe der Kaminskis, vor ihrem alten VW. Sie winkte und öffnete die Beifahrertür. «Hallo, Debora! Schön, dich wieder auf den Beinen zu sehen!»

«Na ja, auf *einem* Bein ...» Lächelnd hievte sie sich ins Auto.

«Kann ich auch mitfahren?» schmatzte Franziska mit einem Kaugummi im Mund.

Silvia blickte sich zu ihr um. «Wirst du denn nicht abgeholt?»

«Nee. Muss sonst zu Fuß nach Hause.»

«Na klar, steig ein.» Die Haushälterin schob auf dem Rücksitz eine Reisetasche zur Seite, und Franziska warf sich in den Wagen.

«Ich fahr gleich anschließend in Urlaub!» verkündete Silvia. Voller Vorfreude setzte sie sich ans Steuer, ließ den Motor aufheulen und bog in die Straße ein.

«Na super», seufzte Debora. «Dann dürfen wir wieder selber abwaschen und all das!»

«Mach ich eh immer», mampfte Franziska. «Das heißt, ich müsste – aber das Geschirr türmt sich in der Küche stapelweise. Am liebsten würd ich von Zeit zu Zeit alles voll in ein Laken wickeln und zum Fenster rausschmeißen!»

«Und deine Eltern?»

«Die sind immer weg – außer spät abends, dann sind sie krass abgeschlafft und rühren keinen Finger mehr. Und am Wochenende sind sie auch nie da.» Sie ließ eine Kaugummiblase platzen. «Wir unternehmen nie was zusammen. Ich bin eben nicht so, wie meine Alten sich's wünschen. Will ich auch gar nicht sein.»

Debora war ein wenig überrascht, denn das Mädchen machte ihr gar keinen traurigen Eindruck, obwohl es so oft sich selbst überlassen war.

Während der Fahrt kamen sie in die Nähe der alten Fabrik. Draußen zogen stillgelegte Werkhallen an ihnen vorüber. Da sagte Franziska plötzlich: «Kann ich hier raus?»

«Hier?» Erstaunt blickte Silvia das Mädchen im Rückspiegel an.

«Klar, ich wohne da.»

«Tja, wenn das so ist ...» Achselzuckend setzte sie den Blinker, trat auf die Bremse und hielt am Straßenrand an.

«Kommst du rasch mit, Debora?» fragte Franziska, während sie ausstieg. «Dauert nur 'n Moment.»

«Darf ich?»

Silvia ließ sich das kurz durch den Kopf gehen. «Aber nicht, dass du hinfällst und dir das andere Bein auch noch brichst! Lass dir Zeit. Ich warte so lange hier.»

«Und tschüss.» Mit einem lauten Knall schlug Franziska die Tür zu. Ein paar Schritte weiter wartete sie, bis Debora neben ihr her zu dem ausgedienten Fabrikgebäude hinüberhinkte.

Stirnrunzelnd schaute Silvia den beiden nach – auf dem heruntergekommenen Industriegelände waren gar keine Wohnhäuser auszumachen.

Hinter der Mauerumfriedung, wo Silvia sie nicht mehr sehen konnte, hielt Franziska an. «Bleib 'ne Minute hier und folge mir dann!»

Befremdet kniff Debora die Brauen zusammen. «Weshalb das denn?»

«Nicht quasseln – tu's einfach, Mann! Es ist wichtig! Okay?»

Und schon war sie weg. Ihr wehender Mantel verschwand hinter dem Gebäude.

Debora sah sich die baufällige Werkshalle genauer an. Die Fassade war von braunroten Streifen und Rissen durchzogen. Eine schwarze, eiserne Feuertreppe führte vom obersten Stockwerk abwärts in die Tiefe. Unten auf dem Erdboden wuchs Unkraut, und rostige Ölfässer lagen zwischen Brennnessel-Büschen herum. Hier war sie noch nie gewesen.

Neugierig humpelte sie um den Altbau herum. Doch hinter der Halle war von Franziska keine Spur zu entdecken. Nur ein überwucherter Bahngeleise-Strang führte durch das menschenleere Gelände zur Schuhfabrik hinüber.

«Haaallo!» rief Debora über den heißen Vorplatz.

Sie legte den Kopf in den Nacken und blickte an der Mauer hoch. Leise quietschend baumelte weit oben der Rest einer Kettenwinde in der Luft. Die riesigen Fenster daneben hatten teilweise geborstene Scheiben, während diejenigen im Erdgeschoss mit Brettern vernagelt waren.

«Fraaanziiiskaaa!» schrie sie diesmal noch lauter.

Doch es kam keine Antwort. Bloß das Zwitschern der Vögel durchdrang die lastende Stille.

Debora konnte sich kaum vorstellen, dass hier jemand wohnte – nicht mal ein so verwegenes Mädchen wie Franziska. Mit aufsteigender Beklemmung fragte sie sich, ob Franziska wohl etwas passiert war. Dann könnte sie jetzt nicht einfach abhauen und sie hilflos im Stich lassen.

Nach einer Weile beschloss sie, eben mal drinnen nachzusehen.

Mit einem mulmigen Gefühl trat sie in das verwahrloste Gebäude. Sofort wurde sie von kühlfeuchtem Halbdunkel umfangen.

Vorsichtig stakste sie mit ihren Krücken durch den Gang, in dem der Putz von den Wänden bröckelte. «Franziska?» raunte sie in die Finsternis hinein.

Da lösten sich plötzlich Schatten aus Mauernischen. Debora zuckte so heftig zusammen, dass sie beinahe ihre Krücken verloren hätte.

CARG O-

Zwei Jungs sprangen auf sie zu. In dem Schummerlicht glaubte sie den einen zu erkennen. Es war, wenn nicht alles täuschte, Ergün – ein Junge, mit dem sie schon unliebsame Erfahrungen gemacht hatte.

«Wo ... wo ist Franziska?» fragte sie befangen.

«Wer?»

«Franziska – sie ist vorhin hier reingegangen.»

«Kennen wir nicht.»

«Haltet ihr sie etwa versteckt?»

Ergün grinste. «Das konkret bestimmt nicht!»

«Na dann ...» Verstört wollte Debora umkehren.

Doch da packten die beiden Jungs sie an den Armen. «Halt, halt, hier geht vorläufig keiner weg.»

«Wär ja noch schöner, Mann! Das muss der Boss entscheiden, ob du einfach so verschwinden kannst, nachdem du das Bandengelände betreten hast! Ab geht's!»

Sie zogen sie ruppig mit und führten sie durch dunkle Gänge. Dann ging es mühsam eine Treppe hoch, in der es nach Schimmel roch.

Debora bekam's mit der Angst zu tun. Sie verstand die Welt nicht mehr. Eben hatte sie noch arglos im hellen Sonnenlicht gestanden, und jetzt befand sie sich auf einmal in der Gewalt einer Bande. Und wo war Franziska? Was hatten die mit ihr gemacht?

Die Jungs hielten vor einer Tür an, die ein Schild mit der verblassten Aufschrift WERKSTATT 1 trug.

«Sieh zu, dass sie nicht abhaut! Ich werd mal mit Franz sprechen.»

Ergün nickte, und sein Kumpel trat ein.

«Franz?» murmelte Debora verwirrt.

«Logo. Franz ist der Boss.»

Eine gespenstische Stille breitete sich aus. Nur das stetige Tropfen aus einer undichten Wasserleitung erklang in der Dunkelheit. Blubb ... Blubb ...

«Bist du jetzt *wieder* in einer Bande, Ergün?» fragte Debora, um das bleierne Schweigen zu brechen. «Weißt du nicht mehr, wie übel das beim letzten Mal ausgegangen ist?»*

«Geht dich 'nen feuchten Dreck an!» Mit einem feindseligen Blick zeigte Ergün ihr den Stinkefinger und spuckte aggressiv zu Boden. Sie hätte sich ohrfeigen können, ihn in dieser angespannten Lage noch zusätzlich gereizt zu haben.

Dann endlich kam der andere Junge zurück. «Der Boss ist bereit. Du kannst reinkommen.» Er deutete mit dem Daumen über die Schulter.

Deboras Pulsschlag setzte für einen Moment aus. Sie gab sich einen Ruck und trat mit angehaltenem Atem ein. Kaum war sie drin, krachte hinter ihr die Tür ins Schloss.

Sie befand sich in einer hohen, lichtdurchfluteten Fabrikhalle. Durch die riesigen Fenster fielen schräge Sonnenstrahlen, in denen Millionen von Staubteilchen tanzten. Auf dem leeren Betonboden stand mitten in der weiten Fläche ein zerschlissener Polstersessel. Darin saß jemand. Doch die Rückenlehne verdeckte die Sicht auf die Gestalt. Nur eine Hand war zu sehen, die gelassen winkte.

«Komm her!» Die Stimme hallte von den Wänden wider und kam Debora seltsam bekannt vor.

Ein Prickeln breitete sich in ihrem ganzen Körper

---

* (Siehe: Die Kaminski-Kids in *«Mega Zoff!»*)

aus. Sie hinkte los und näherte sich Meter um Meter dem Boss. Doch als sie um die Polsterlehne herumlinsen konnte, blieb ihr fast das Herz stehen.

In dem Sessel fläzte sich ein Mädchen. Ein Mädchen mit violettem Haar und Piercing-Ringen im Gesicht.

«Du?» Debora brachte beinahe keinen Ton mehr heraus. «Du bist der Boss, Franziska?»

«Franz», antwortete sie lässig. «Hier nennen mich alle nur Franz. Deshalb heißt die Bande auch *BanF* – die Abkürzung von Bande Franz. Und die Mitglieder sind die *Banfits*. Kannst du folgen?»

«Das ist die Bande, von der du im Krankenhaus erzählt hast?»

«*Meine* Bande», berichtigte der Boss stolz. Und fügte mit einem Schmunzeln hinzu: «Jetzt, wo du unser Versteck kennst, bleibt dir wohl nichts anderes übrig, als auch einzusteigen.»

«Ich ...» Debora zögerte. «Weißt du, ich ...»

Franziska hob die Hand. «Keine Panik! Zuerst musst du eh die Aufnahmeprüfung bestehen, Mann. Die Mutprobe.»

«Was denn für eine Mutprobe?»

«Wirst du schon sehen, wenn's so weit ist.» Der Boss wandte ruckartig den Kopf zur Tür, die soeben aufging. Herein kam Mirko.

«Ach, du bist's!» Franziska entspannte sich wieder.

Der Junge mit der Stachelfrisur knallte sein Skateboard zu Boden und rollte auf die Mädchen zu. «Yo!» lächelte er Debora an. «Cool, dass du hier bist!»

«Darf ich vorstellen?» Franziska zeigte auf Mirko. «Das ist Mick – so nennen wir ihn hier bei den Banfits. Und das ist ...» Grüblerisch betrachtete sie Debora.

«Wir brauchen einen Namen für dich. Also, wie wär's denn mit ...»

«Debora», warf Mirko ein. «Einen besseren Namen gibt's konkret gar nicht!»

«No, Mann. In der Bande haben alle 'ne besondere Bezeichnung.»

«Dann machen wir eben mal eine Ausnahme», schlug der Junge vor. «Sie ist sowieso was Besonderes.»

Bevor Debora rot werden konnte, schob Mirko nach: «Übrigens, draußen an der Straße steht ein alter VW. Darin sitzt 'ne Tussi und hupt dauernd rum.»

«Üüüsch!» Erschrocken sog Debora Luft ein. «Silvia hab ich ja ganz vergessen! Die wartet doch auf mich!»

Gelassen holte Mirko eine Zigarette hervor. «Soll sie eben warten.»

«Nein, Mick.» Franziska schüttelte den Kopf. «Sonst kommt die am Ende noch ins Haus. Dann haben wir ein Problem.»

«Stimmt.» Ohne Eile gab Mirko sich Feuer, klemmte den Glimmstängel im Mundwinkel fest und kritzelte mit einem Stift auf den Deckel der Zigarettenpackung. «Hier», mümmelte er zwischen zusammengekniffenen Lippen hervor. «Meine Handy-Nummer.» Er riss den Deckel ab und hielt ihn Debora hin. «Du kannst mich anrufen oder mir 'ne SMS schicken, wenn du willst. Hast du 'n Handy?»

«Ja, klar.» Debora steckte den Pappfetzen ein.

«Hallo! Wo seid ihr?» gellte von draußen Silvias Stimme durch die geborstenen Fensterscheiben herein. Die Haushaltshilfe der Kaminskis stand bereits unten vor dem Gebäude.

Hastig stakste Debora durch die Halle zur Tür.

«Und wie geht deine Nummer, ey?» rief Mirko ihr nach.

Debora war sich nicht sicher, ob sie der Bande ihre Nummer geben sollte. Doch sie hatte keine Zeit, um lange darüber nachzudenken, und entschied sich kurzerhand, sie für Mirko herunterzuleiern.

Während er sie aufschrieb, sagte Franziska: «Und vergiss nicht, Debora – wenn du nächstes Mal herkommst, musst du am Eintritts-Check dein Losungswort nennen: *Banfits-Neun-Debora*. Und noch was.»

Ungeduldig blieb Debora stehen.

«Alles, was du über die Banfits weißt, bleibt geheim.» Ein drohender Unterton lag in den Worten, die unheimlich von den Wänden hallten.

Debora nickte und folgte Ergün, so schnell sie mit den Krücken konnte, durch die dunklen Gänge. Ein paar Mal wäre sie fast hingefallen, aber sie schaffte es ohne Sturz bis zum Ausgang.

Gerade noch rechtzeitig – Silvia wollte eben ins Gebäude treten.

«Hat ja ganz schön gedauert», sagte die Haushälterin sauer, als sie Debora kommen sah.

Die warf rasch einen Blick zurück. Doch zu ihrer großen Erleichterung war von Ergün keine Spur mehr zu sehen.

«Und hier drin soll Franziska wohnen?» murrte Silvia. «Glaubt die ja selber nicht.»

Debora blinzelte ins grelle Tageslicht. «Das glaub ich auch nicht. Lass uns heimfahren.»

«Tssss ...» Kopfschüttelnd schlenderte Silvia zum Auto, während ihr Debora gedankenverloren und aufgewühlt folgte.

Drohende Ausweisung?

8

Am Küchentisch rückte die ganze Familie Kaminski enger zusammen, damit Loko und Suila Platz fanden. Denn die beiden durften hier zu Abend essen, da ihre Mutter sich zu schwach fühlte, um noch zu kochen. Frau Kaminski hatte aus Rücksicht auf die Gülgün-Kinder extra ein Gericht ohne Schweinefleisch zubereitet – ein leckeres Geflügelcurry mit Fruchtstücken und Reis.

«Guten Appetit!» wünschte Vater, als sie nach dem Tischlied alle zu essen begannen.

Laut drang durchs offene Fenster Zwockels Gebell herein. Die Collie-Hündin jagte auf dem Vorplatz ihre fiependen Jungen auseinander, die sich wieder einmal zu einem Knäuel verflochten hatten.

«Mega süß!» mampfte Raffi mit vollem Mund.

«Zuerst schlucken, dann reden», schmunzelte Mutter. «Und ... genieß die Welpen noch, solange sie hier sind!»

Die Kleine schaute auf. «Warum denn?»

«Wir haben euch ja von Anfang an gesagt, dass wir sie nicht behalten können.»

«Aber die Jungen brauchen doch ihre Mutter!» empörte sich Raffi.

«Schon», räumte Vater ein. «Erst wenn sie entwöhnt

sind, werden wir sie verkaufen – falls wir Käufer für sie finden.»

Simon stutzte und hielt im Kauen inne. «Und wenn nicht?»

«Dann ... ja, dann müssten sie wahrscheinlich ...» Vater ließ den Satz in der Luft hängen. «Das werden wir alles noch sehen. Jedenfalls können wir unmöglich mehr als einen Hund auf unserem Blumenhof halten. Und Zwockel wollt ihr wohl nicht weggeben, oder?»

«Zwockel? Nie!» riefen die Kids.

Doch Raffi musste schon ein wenig schniefen, weil die Hündchen bald nicht mehr hier sein würden.

«Das Leben ist eben so», murmelte Opa. «Die Jungen werden geboren, wachsen heran, und irgendwann gehen sie von zu Hause weg. Das wird bei euch ja auch mal so sein.»

«Und wir geben die Welpen nur Leuten, bei denen wir absolut sicher sind, dass die Hündchen es dort auch wirklich schön haben», stellte Frau Kaminski klar.

Vater fiel auf, dass Debora ganz in Gedanken versunken war. Deshalb sprach er sie an: «Da ist doch heute ein Brief für dich gekommen – von wem ist der denn?»

Sie fingerte an ihrem Handy herum. «Von Manfred», antwortete sie.

«Und? Was hat er geschrieben?»

«Na ja, dass er aus dem Erziehungsheim entlassen worden ist und jetzt wieder bei seinen Eltern in der Stadt lebt. Er will 'ne Brieffreundschaft mit mir anfangen. Aber ich hab keine Lust dazu.»

«Vielleicht könnte *ich* ihm ja schreiben», schlug Raffi vor.

Debora zuckte schwach mit den Schultern. «Wenn du willst ...» Sie sah auf ihrem Handy-Display, dass noch keine SMS-Nachricht eingetroffen war, und schaltete den Rufton ab. Falls Mirko schreiben würde, müssten's ja nicht gleich alle hören!

«Jetzt leg doch mal das Ding weg», forderte Vater sie auf. «Wir sind beim Essen!»

Widerwillig legte sie das Handy neben den Teller. «Ihr seid ja noch schlimmer als die Lehrer!» muffte sie. «Ich lass mir übrigens die Haare färben. Violett. Oder rot, mal sehen.»

Die Eltern warfen sich einen befremdeten Blick zu. Nur Opa nahm's gelassen: «Violett? Schöne Farbe!»

«Darüber müssen wir erst noch reden», fand Mutter.

Debora sah sie trotzig an. «Wieso? Das ist *mein* Leben, und ich kann mit meinen Haaren tun und lassen, was ich will!»

«Oh-oh», machte Raffi. Auch Loko und Suila merkten, dass Zoff in der Luft lag, und blieben vorsichtshalber schön ruhig.

«Was ist denn los mit dir, Debora?» Vater suchte nach Worten. «Du bist so ... so ...»

«Gar nichts.» Sie hatte das ätzende Gefühl, dass niemand sie verstand, und wollte am liebsten einfach nur in Ruhe gelassen werden.

Um die peinliche Stille zu beenden, wechselte Frau Kaminski das Thema. «Und wie geht's euch, Loko?»

Der Junge wischte sich mit der Serviette den Mund ab. «Leider nicht so gut ... Mein Vater hat auf der Arbeit gehört, dass er wegen dieses unmöglichen Einbruchs seine Stelle verlieren könnte. Alle gehen ihm aus dem Weg – auch der Chef und sogar die besten

Freunde.» Abschätzig verzog er den Mund. «Phhh! Freunde!»

«Wovon sollen wir dann leben?» Suila machte sich nun wirklich ernsthafte Sorgen. «Mutters Lohn reicht doch nie fürs Essen und das alles!»

«Vielleicht stellt sich die Frage gar nicht mehr.» Beklommen schob Loko den Teller weg. «Ich hab von verschiedenen Seiten aufgeschnappt, dass unsere Familie wegen der Sache wahrscheinlich in die Heimat zurückgeschickt wird ...»

Simon fuhr zusammen. Der Gedanke, seinen besten Freund zu verlieren, war für ihn ein Schock. «Dazu darf es nicht kommen!»

«Noch ist es nicht so weit», versuchte Vater zu beruhigen. «Hier werden Leute nicht einfach so des Landes verwiesen.»

Niedergeschlagen schüttelte Loko den Kopf. «Es ist eben nicht *einfach so ...*»

Das alles beschäftigte Debora sehr. Sie hätte auch gerne gefragt, ob Suila mit der Pflege der beiden Pferde zurechtkomme. Aber sie musste ständig an Mirko denken und überlegte hin und her, ob sie ihm wohl eine SMS schicken sollte. Nein, entschied sie dann – soll *der* doch zuerst! Sie wollte bei ihm nicht den Eindruck erwecken, sie renne ihm hinterher. Auch die Mutprobe, die Franziska erwähnt hatte, fiel ihr immer wieder ein. Irgendwie, dachte sie, klang das ganz nach etwas, von dem sie besser die Finger lassen sollte. Obwohl sie's schon ein wenig reizte, herauszufinden, worum es dabei eigentlich ging.

Bedrückt beobachtete Suila ihre Freundin. Deboras Verschlossenheit gegenüber ihrer bedrohlichen Notlage enttäuschte sie tief. In ihrem Herzen hatte sie das unheilvolle Gefühl, dass ihre Freundschaft, die doch so toll gewesen war, nun in Brüche zu gehen drohte ...

Nach dem Essen war die Reihe an Debora, mit Vater zusammen das Geschirr zu spülen. Denn durch Silvias Abwesenheit trat der Abwaschplan in Kraft, in dem alle Familienmitglieder außer Opa eingetragen waren.

Währenddessen verabschiedeten sich Simon und Raffi draußen vor dem Haus von ihren Freunden.

«Wir sollten uns beeilen.» Suila machte das Licht an ihrem Fahrrad an. «Ich muss unsere Wohnung noch in Schuss bringen, sonst türmt sich da alles zu Bergen.»

Simon legte seinen Arm um Lokos Schultern. «Weißt du was? Wir fragen nachher mal Opa, wie ihr einen Weg aus der Patsche finden könntet. Er hat schon oft 'nen guten Rat für uns gehabt. Vielleicht weiß er ja auch diesmal einen.»

Mutlos nickte Loko und schaute zum Himmel hoch. Obwohl es noch nicht ganz dunkel war, glitzerten schon viele Sterne in der lauen Nachtluft.

Suila betrachtete die beiden Jungs betrübt. Sie hätte sich gewünscht, von ihrer Freundin ebenfalls in den Arm genommen zu werden. Doch Debora hatte, wie es schien, derzeit keine Umarmung für sie übrig. Ob sich das wohl je wieder ändern würde? ...

Plötzlich spürte Raffi ein Kitzeln am Fuß. Herr Müller

machte sich an ihren Schnürsenkeln zu schaffen. «Hey, lass das!» Lachend stupste sie das Hündchen zur Seite. Doch Herr Müller ließ sich nicht abschütteln und verbiss sich in das Band. Nun kam auch noch Ronnie angetappt und schlug die winzigen Krällchen in den Stoff ihrer Jeans.

«Guck mal!» Suila zeigte zur Hundehütte. «Ist das nicht süß?» Zwei Welpen schmiegten sich an Zwockels Bauch und nuckelten genüsslich Milch. Sofort rannten Ronnie und Herr Müller hinüber und zwängten sich zwischen die Hündchen. Ein Gedrängel entstand. Zunächst lagen alle vier übereinander, bis endlich jedes seinen Platz gefunden hatte.

Loko löste sich aus Simons Umarmung. «Also dann, Freunde ...»

«Wir melden uns gleich morgen früh», versprach Simon.

«Okay», antwortete Loko und stieg aufs Rad. Während er mit Suila davonfuhr, rief er: «Hoffentlich hat euer Großvater eine Idee. Sonst weiß ich wirklich nicht mehr weiter.»

«Ja, hoffentlich ...» Ernst schaute Simon den beiden hinterher.

Aussage gegen Aussage

9

In der gemütlichen Stube saß Großvater in seinem Lieblingssessel, und die drei Kaminski-Kids hockten sich im Halbkreis vor ihn auf den gemusterten Teppich. Hier verbrachten sie die meisten Abende gemeinsam – Vater und Mutter arbeiteten zu dieser Zeit für gewöhnlich noch drüben im Blumengeschäft.

«Diese Sache im Hausmeisterkeller», begann Simon. «Mir ist da was aufgefallen. Irgendwie passt alles so schön zusammen – fast zu schön. Ausgerechnet an dem Tag, als Loko und Suila mit dem Hausmeister Streit hatten, wurde eingebrochen. Ich hab's mir überlegt – es könnte doch sein, dass ihnen jemand absichtlich die Schuld in die Schuhe schieben wollte ...»

Opa nickte. «Den Gedanken hab ich auch schon gehabt. Wer käme denn da in Frage?»

«Keine Ahnung.» Während die Kids überlegten, stupste plötzlich eine Hundeschnauze die Tür zum Wohnzimmer auf. Zwockel tippelte herein, und die Welpen folgten ihm auf dem Fuß.

«Komm her!» maunzte Raffi. Sofort hüpfte Herr Müller in ihren Schoß und ließ sich ausgiebig streicheln. Zwockel räkelte sich wohlig vor Simon auf dem Boden.

«Wem würde denn so was nützen?» nahm Debora

den Faden wieder auf. «Einfach so macht doch keiner 'nen Einbruch, bloß um jemanden in Verdacht zu bringen.»

«Selbst wenn wir's wüssten, hätten wir immer noch ein großes Problem», sagte Simon. «Solange die gestohlenen Schaumweinflaschen nicht auftauchen, gibt's keine Beweise. Also würde nur Aussage gegen Aussage stehen, und so, wie's im Moment aussieht, glaubt Loko und Suila eh keiner ein Wort.»

«Mir fällt da eine Geschichte ein», murmelte Opa. «In der läuft's ganz ähnlich. Vielleicht können wir daraus etwas lernen für unseren Fall hier.»

«Cool!» Raffis Augen leuchteten. «Lass hören!»

«Also, mal sehen ...» Großvaters trüber Blick ging in die Ferne. «In der Geschichte geht's um einen Richter, der vor langer Zeit lebte. Salomo hieß der. Er war König und dafür bekannt, immer die richtige Lösung zu finden, auch in verzwickten Angelegenheiten. Zum Beispiel wenn zwei sich stritten und jeder behauptete, dass der andere lügt.» Opa räusperte sich. «Da kamen mal zwei Frauen in den Palast. Beide trugen ein Baby im Arm, aber eins davon war tot. Die eine Frau zeigte auf die andere und behauptete: ‹Letzte Nacht ist ihr Kind gestorben, und während ich schlief, hat sie mir heimlich mein Baby weggenommen und mir ihr totes Kind in den Arm gelegt!› Die andere schrie: ‹Das ist nicht wahr! Ihr gehört das tote Kind – mein Kind lebt!›» Opa fuhr sich mit den Fingerkuppen durch den Schnurrbart. «Ihr seht also, offensichtlich sagte eine der Frauen nicht die Wahrheit. Aber welche?»

«Und dann?» Die Kids schauten ihn gespannt an. «Was geschah dann?»

«Tja», antwortete er, «da trat eben König Salomos Weisheit in Aktion. Denn er hatte früher, als Gott ihm einmal einen Wunsch freigab, weder um Reichtum noch um ein langes Leben gebeten, sondern einfach nur um Weisheit. Und nun machte der König etwas Sonderbares. Er befahl der Wache, ein Schwert zu holen und das lebende Kind durchzuschneiden – genau in der Mitte.»

«Durchschneiden?» Raffis Mund stand offen. «Das ist ja schrecklich!»

«Mhm», nickte Großvater. «König Salomo schlug vor, jede Frau bekomme eine Hälfte des Säuglings. Doch da passierte es – die eine Frau verriet sich! Sie sagte: ‹Ja genau. Durchschneiden ist gerecht!› Die andere rief: ‹Nein, halt! Gebt das Baby lieber dieser Frau – das ist immer noch besser, als wenn es getötet wird!› Und nun wusste Salomo, welches die richtige Mutter war: nämlich jene, die es nicht ertragen konnte, wenn das Baby sterben müsste. ‹Sie bekommt das Kind›, entschied der König. ‹Gebt es der Frau, die es wirklich liebt.›»

Nachdenklich ließen die Kids sich das durch den Kopf gehen, während die Hunde ruhig vor sich hin dösten. Das einzige Geräusch in dem niedrigen, ganz mit Holz ausgekleideten Raum war das Ticken der alten Pendeluhr an der Wand.

«Hier stand also ebenfalls Aussage gegen Aussage», brummte Opa mit seiner tiefen, warmen Stimme. «Aber am Schluss kam die Wahrheit ans Licht. Die Wahrheit kommt immer ans Licht, selbst wenn es manchmal etwas länger dauert. Und Gott wird auch bei eurem Problem von Loko und Suila eingreifen – da bin ich mir ganz sicher. Ihr müsst nur fest daran glauben, dass Jesus euch hilft, dann wird er euch die richtige Idee schenken und euch zeigen, was ihr tun könnt, damit zuletzt alles gut wird. Selbst wenn's im Moment schlecht aussieht – der Glaube gibt die Kraft, um durchzuhalten. Versucht's mal, und ihr werdet sehen, dass es stimmt. Ich hab das in meinem Leben hundertmal erlebt.»

«Schon, aber ...» Simon hatte immer noch Zweifel. «Wie kann jemand bloß so fies sein, nur um Loko und Suila zu schaden?»

«Das ist doch gemein!» warf Raffi ein. «Bloß weil sie Ausländer sind! Wieso haben denn eigentlich so viele Leute etwas gegen die aus den anderen Ländern?»

«Das weiß ich auch nicht», gab Großvater zu. «Aber es war schon immer so – seit es Menschen gibt, liegen sich die Völker in den Haaren.»

Beim Wort «Ausländer» fiel Debora sofort Mirko ein. Schnell kramte sie ihr Handy hervor und sah nach, doch es war noch immer kein SMS eingetroffen. Sie stellte den Rufton wieder an, denn sie wollte auf keinen Fall verpassen, falls doch noch eine Nachricht käme. In Gedanken tauchte sie ab und grübelte darüber nach, ob sich der hübsche Junge mit der Stachelfrisur wohl überhaupt bei ihr melden würde oder nicht ...

«Hab ich auch schon erlebt, im Schulhof», erzählte Simon. «Ausländer, die zusammenstehen und einen anrempeln, wenn man vorbei will. Oder einen blöd anmachen ...»

Raffi schaute auf. «Etwa so wie Mirko im Krankenhausflur? Als er Opa angemotzt hat, er solle ihn nicht anstarren wie 'n Kino?»

«Was ist los?» Schlagartig erwachte Debora aus der Versenkung. «Mirko hat das bestimmt nicht so gemeint!»

Simon kratzte sich am Kopf. «Kann man gar nicht anders meinen.»

«Man muss ihn eben nicht anstarren», verteidigte Debora den Jungen. «Da hätt ich wahrscheinlich auch gemotzt!»

«Was heißt anstarren?» entgegnete Raffi. «Opa hat ganz normal geguckt. Außerdem sieht er ja fast nichts – wie soll er dann starren? Das geht ja gar nicht!»

«Find ich auch», pflichtete Simon bei. «Manche Leute fühlen sich immer gleich angegriffen. Mir hat schon oft einer gesagt, ich soll ihn nicht begaffen, obwohl ich gar nicht sonderlich auf ihn geachtet hatte.»

«Aber trotzdem», versteifte sich Debora. «Ihr hättet Mirko ganz einfach in Ruhe lassen können!»

Simon und Raffi warfen sich einen Blick zu. «Du hast dich doch nicht etwa in den verguckt, Schwesterchen?» schmunzelte der Junge.

«Ach was!» Ihr Gesicht lief rot an. In die peinliche Stille hinein piepste ihr Handy. Rasch stand sie auf und verzog sich in den Flur hinaus. Auf dem Display erschien eine SMS-Nachricht:

IN DER EISDIELE IST ES NUR HALB SO LUSTIG OHNE DICH ICH VERMISSE DICH KOMMST DU MORGEN WIEDER ZU DEN BANFITS? MICK

Debora überlegte kurz und tippte als Antwort nur ein einziges Wort ein:

VIELLEICHT

Aber tief in ihrem Innern wusste sie bereits, dass sie wieder hingehen würde ...

Als Raffi vor dem Schlafengehen auf einen Sprung in Simons Zimmer kam, trugen beide Kids schon ihre Pyjamas. Die zwei wollten noch etwas besprechen, denn ihre Unterhaltung mit Opa hatte ihnen wieder neue Hoffnung gegeben. Derweil verkroch Debora sich lieber ins Mädchenzimmer und schmökerte in ihrem Pferdebuch, um ihren eigenen Gedanken nachhängen zu können.

«Findest du Debora auch so komisch in letzter Zeit?» fragte Raffi und setzte sich neben ihrem Bruder aufs Bett.

«Na ja, vielleicht hat sie einen schlechten Tag erwischt», antwortete er. Doch dann kam er gleich zur Sache: «Du, ich hab eine Idee gehabt! Wir sollten uns unbedingt den Hausmeisterkeller noch mal ansehen – aber diesmal genauer. Vielleicht finden wir da eine Spur, die uns weiterführt!»

«Genau! Das ist es!» Raffi klatschte sich aufs Bein. «Kann doch sein, dass der Täter irgendwas vergessen oder verloren hat, das ihn verrät!»

«So was in der Art hab ich mir auch gedacht. Einen Versuch ist's auf jeden Fall wert!»

«Ja. Hoffentlich bringt's was.» Gähnend stand sie auf. «Also, bis morgen früh ... Tschü-üss!» Beim Rausgehen löschte sie das Licht, worauf es stockdunkel wurde.

Simon schlüpfte unter die Bettdecke und betrachtete durchs Fenster die Sterne, die am schwarzblauen Nachthimmel funkelten.

Er konnte lange nicht einschlafen. Ständig drängte sich das Bild in seinen Kopf, dass Loko und seine ganze Familie das Land verlassen müssten. Immer quälender kroch die Angst in ihm hoch, seinen besten Freund zu verlieren – er konnte diese Vorstellung einfach nicht aushalten. In seiner Verzweiflung fiel ihm wieder ein, was Opa vorhin gesagt hatte: «Wenn ihr ganz fest darauf vertraut, dass Jesus euch hilft, wird alles gut werden.» Kurz entschlossen legte Simon eine Hand über die Augen und betete still: «Bitte, lieber Jesus, mach du, dass Loko nicht ausgewiesen wird – und dass am Schluss alles gut ausgeht ...» Nach einer Weile ebbte seine Angst ein bisschen ab. Einschlafen konnte er deswegen aber immer noch nicht. Doch wenigstens waren nun die beklemmenden Gedanken verschwunden.

Das Schweige-Gelübde

10

Vor dem heruntergekommenen Industriegebäude flirrte die Luft. Es war schon am Vormittag heiß, und der Himmel sah nicht danach aus, als würde sich das bald ändern. Bis zum Horizont dehnte sich endloses Blau ohne die kleinste Spur einer Wolke.

Debora stakste mit ihren Krücken durch das Unkraut. Auf dem Vorplatz zwischen der stillgelegten Werkshalle und den überwucherten Bahngleisen blieb sie stehen. Weit und breit war kein Mensch zu sehen. Hummeln und Fliegen surrten herum, und ein paar Vögel zwitscherten in den umliegenden Büschen. Ansonsten herrschte absolute Stille. Debora wischte sich den Schweiß von der Stirn, humpelte zur Tür und linste in den dunklen Gang.

«Hallo?» raunte sie unsicher hinein.

Nichts. Keine Bewegung – weder im Korridor noch hinter den Fenstern. Die ganze Gegend machte den Anschein, als wäre heute keiner da. Nur die Kettenwinde hoch oben schaukelte leise quietschend hin und her.

Da erinnerte sich Debora, dass Franziska letztes Mal von einem Eintritts-Check und einem Losungswort gesprochen hatte. Also versuchte sie es damit, obwohl sie nicht recht daran glaubte, von irgendjemandem gehört zu werden: «Banfits-Neun-Debora ...?»

Es dauerte keine Sekunde, bis sich drinnen Schatten aus der Dunkelheit lösten. Ergün und der zweite Kontrollposten schlenderten auf sie zu.

«Sag das doch gleich, Mann!» stänkerte Ergün. «Statt so beknackt da draußen rumzustehen und ‹hällö› zu blabbern!»

«Kann ja nicht wissen, wie das geht», murmelte Debora befangen.

Ergün äffte sie nach: «Ich weiß nicht, wie's geht, oy!» Der andere lachte laut auf.

Die beiden führten sie durch die finsteren Gänge und das schimmlige Treppenhaus hinauf zur Tür, an der das Schild WERKSTATT 1 hing.

Der Junge öffnete. «Alles okay – es ist bloß die Neue!»

«Das wollen wir dann erst noch sehen», murrte Ergün. «Wenn's nach mir geht, wird die ganz bestimmt keine von uns Banfits.»

Doch der Schluss seines Satzes versank in den Hip-Hop-Bässen, die nun jemand aus einem riesigen Rekorder wummern ließ. Plötzlich wirkte der Ort überhaupt nicht mehr ausgestorben. In der lichtdurchfluteten Halle lümmelten sieben Jungs und Mädchen auf dem Betonboden herum. Unter ihnen waren auch Franziska und, wie Debora sofort bemerkte, Mirko.

Er stand auf und gondelte zu ihr herüber. «Yo!» lächelte der hübsche Junge. «Endlich bist du da! Hab schon gedacht, du kommst nicht mehr, Mann!»

«Ich – nein, nein ...»

«Hey, Jungs!» rief Mirko. «Wälzt euch mal rüber, ich möchte euch Debora vorstellen!»

Seltsamerweise rafften sich auch die Mädchen auf, und alle Banfits schlenderten heran. Die Jungen trugen wie

Mirko ultraweite Markenjeans, die auf unterer Hüfthöhe mit Gürteln festgezurrt waren, so dass sie noch einen neckischen Blick auf den Saum der Boxershorts gewährten.

«Gib mir Fünf!» Franziska klatschte auf Deboras ausgestreckte Handfläche, und nacheinander taten es ihr alle Banfits nach, wobei zwei der Jungs Baseball-Schläger dabeihatten.

«Keine Angst», lachte Mirko, als er Deboras Blick auffing. «Die schlagen nur zu, wenn Franz es sagt. Und außerhalb des Bandengeländes schleppen sie die Dinger eh höchst selten mit rum.»

«Keine Lust, mir von den Bullen die Waffe abnehmen zu lassen, Mann, ey», murrte einer von ihnen.

«Wie geht's denn den niedlichen Welpen?» Der Boss schwärmte, ohne auf eine Antwort zu warten, den anderen vor: «Das hättet ihr sehen müssen! Die hat zwei supersüße Hündchen ins Krankenhaus geschmuggelt! Wie hießen die doch gleich?»

«Sindy und Herr Müller.»

«Genau, Herr Müller – das süßeste Hündchen, das ich in meinem ganzen Leben gesehen hab! Und als es plötzlich davonraste, das glaubt ihr nicht, was es da getan hat! Voll an den Bettpfosten gepinkelt!»

Die Banfits grinsten. «Echt wahr?»

«Ich schwör's!»

«Voll fett!» meinten die einen.

«Voll krass!» murmelten die anderen.

Die Jungs gondelten wieder davon. Dabei bewegten sie sich, als müssten sie aufpassen, ihre knapp über den Knien hängenden Jeans nicht noch ganz zu verlieren.

Träge fläzten sich die Banfits hin. Mirko zündete zwei Zigaretten an, schob sich eine zwischen die Lippen und reichte die andere an Franziska weiter. Sie rauchte und löffelte dabei gleichzeitig einen Bananen-Joghurt, den sie zuvor schon aufgemacht hatte.

«Du hast da was.» Eins der beiden Banfits-Mädchen zeigte auf ihr T-Shirt.

«Wo?» Franziska sah an sich hinab. Auf dem dunklen Leibchen unter ihrem violetten Steinzeit-Mantel prangte ein weißer Joghurtfleck. «Ach, kuck mal an!» Lächelnd füllte sie den Löffel und ließ sich gleich noch zwei weitere Kleckse aufs Shirt tropfen. «So, jetzt bist du nicht mehr so allein!»

Vorsichtig hockte Debora sich auf den Boden und musterte die anderen Bandenmädchen. Die sahen neben Franziska und den Jungs geradezu normal aus. Bloß die Wollmützen auf ihren Köpfen wirkten leicht fehl am Platz – offenbar war's hier üblich, auch im Sommer gegen einen eventuellen Kälte-Einbruch gewappnet zu sein. Debora erwog, sich vielleicht auch eine solche Mütze anzuschaffen.

Doch dann unterbrach Mirko ihre Gedanken. «Jetzt wird's ernst, Debora. Die Mutprobe – wenn du die bestehst, bist du für immer bei den Banfits aufgenommen.»

«Ich ...» Sie zögerte. «Ich weiß noch nicht wirklich, ob ich ...»

«Na, komm schon, Mann!» drängte Mirko. «Wenn du ein Bandenmitglied bist, kannst du mich jederzeit anrufen – egal ob tagsüber oder mitten in der Nacht. Dann bin ich immer für dich da, du brauchst vor nichts und niemand mehr Angst zu haben.» Und zu den anderen Banfits sagte er: «Wollen doch mal sehen, ob sie nicht nur hübsch ist, sondern auch was draufhat! Im Gegensatz zu all den laschen Tussis im Dorf!»

Immer wenn Mirko über sie sprach, bekam Debora

das Gefühl, etwas Besonderes zu sein. Das gefiel ihr. Und auch die Vorstellung, unter seinem Schutz zu stehen, vermittelte ihr Geborgenheit. Doch in der Bande fühlte sie sich nicht recht wohl. Mit Ausnahme von Franziska und Mirko fand sie die meisten Banfits zu grob und zu aufgeblasen. Das war nicht ihr Stil.

«Na? Was ist?» Fordernd schaute Mirko sie an.

«Worum geht's denn bei dieser Mutprobe eigentlich?» wollte sie wissen.

Franziska drückte die Zigarette in den Joghurt-Rest, der sich noch im Becher befand. «Du sprayst unseren *täg* auf eine Mauer, ganz groß. Weißt du, was ein *täg* ist?»

«Nö.»

«Das ist der Schriftzug unserer Bande – das Erkennungszeichen, mit dem wir unser Gelände markieren», erklärte Mirko. «Überall, wo unser *täg* drauf ist, hat keine andere Bande was verloren.»

«Sollen sie's ruhig mal versuchen.» Einer der Jungs klopfte sich drohend mit dem Baseballschläger in die Handfläche. «Dann kriegen sie konkret Probleme.»

«Wagt eh niemand», nuschelte ein Banfit. «Spar dir deine Schlagkraft lieber für den Wurrmann!»

«Oder ein paar andere Lehrer!» rief eins der Mädchen. «Denen könnt's eh nicht schaden, ey! Wenn du denen auf die Birne haust, kommt bloß warme Luft raus!»

Alle begannen zu lachen.

Mit breitem Grinsen auf den Lippen rappelte sich ein Junge auf, schleifte seine klobigen Turnschuhe quer durch die Halle zu einer Reihe Sektflaschen hinüber, die dort auf dem Betonboden standen, und hob eine davon auf. Mit gespielter Kennermiene musterte er das Etikett. «Aaah, ein besonders guter Tropfen!» Er schüttelte die Flasche heftig und ließ den Korken knallen. «Das ist Schaumwein vom Feinsten, Leute!»

Da fiel Debora siedend heiß ein, dass solche Flaschen im Keller von Lokos Hausmeister gestohlen worden waren, wie ihre Geschwister ihr erzählt hatten. Aber sie traute sich nicht zu fragen, woher die Bande den Sekt hatte. Bestimmt stammte der von ganz woanders, redete sie sich ein. Wahrscheinlich handelte es sich bloß um einen Zufall. Man konnte Schaumwein ja schließlich in jedem besseren Laden kaufen.

Der Junge füllte die halb leer gespritzte Flasche mit Red Bull aus der Dose auf. Nach einem ersten Schluck ließ er das Spezialgemisch unter den Banfits kreisen.

«Also.» Franziska fasste Debora ins Auge. «Du sprayst den *täg* bei 'ner Bushaltestelle auf das Wartehäuschen – nicht mickrig, sondern voll riesig, damit er jedem auffällt. Wenn du's schaffst, ohne erwischt zu werden, bist du stolzes Mitglied der Banfits!»

«Aber ... wie sieht der *täg* denn überhaupt aus?»

«So!» Der Boss zeigte zur Wand bei den geborstenen Fensterscheiben, wo ein großer Schriftzug aufgesprüht war:

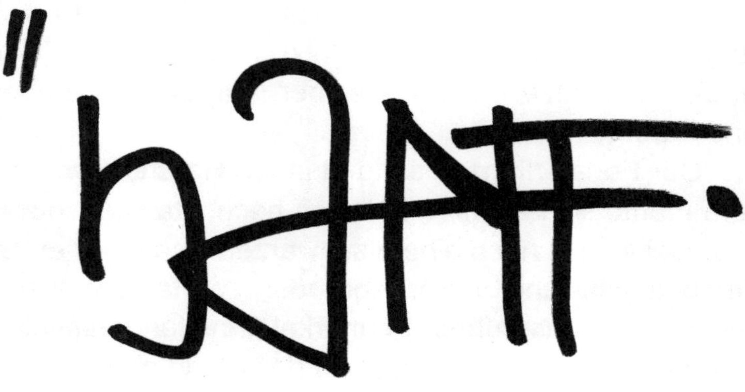

Debora erkannte das Zeichen sofort wieder – sie hatte es schon auf Schulhausmauern und anderen Gebäuden im Dorf gesehen.

«Warte mal, warte mal!» Schwungvoll holte Mirko einen fetten Filzstift aus seiner Hosentasche, beugte sich über Deboras Bein und begann, den Schriftzug auf ihren Gips zu malen.

Währenddessen traf die Flasche mit dem Schaumweingemisch bei Debora ein. Sie roch daran und nahm einen kleinen Schluck, obwohl ihr das Gepansche überhaupt nicht schmeckte. Dann reichte sie es an ein Mädchen weiter.

Die restlichen Banfits hingen ziemlich angedröhnt herum. Sie summten zur Musik und unterhielten sich über ihre Eltern, von denen sie allesamt keine hohe Meinung zu haben schienen. Die einen fanden, ihre Eltern müssten beide malochen und wären nie zu Hause. Die anderen meinten, ihre Eltern machten dauernd irgendwelche Kreuzfahrten oder Geschäftsreisen und wären nie zu Hause. Doch Debora hörte gar nicht richtig hin. Sie war zu beschäftigt damit, zuzusehen, wie Mirko ihren Gips verschönerte.

«Das wär's!» Er richtete sich auf und besah sich zufrieden sein Kunstwerk. «Jetzt hast du 'ne kleine Gedächtnisstütze. Probier's selber mal aus. Da drüben sind Farben!»

Der Fensterfront entlang standen Sprühdosen. Debora mühte sich an ihren Krücken hoch, stakste hinüber und bückte sich nach einem schwarzen Spray. Ihr erster Versuch misslang völlig. Aber der zweite war schon besser – die gesprühten Schnörkel ähnelten tatsächlich dem Schriftzug, der daneben an der Wand prangte.

«Super, jetzt hast du's!» rief Franziska und fläzte sich so tief in ihren Chef-Sessel, dass sie beinahe über die Sitzkante hinunterrutschte. «Am besten schwirrst du gleich ab. Um diese Zeit hat's fast keine Leute auf der Straße!»

Debora überlegte sich nochmals, ob sie's wirklich tun sollte. Denn sie hatte noch nie zuvor eine Straftat begangen, und das hier konnte leicht auf eine solche hinauslaufen. Überhaupt, einer Bande beizutreten war gar nicht ihr Ding, dachte sie. Andererseits war die Vorstellung, öfter bei Franziska und vor allem bei Mirko sein zu können, eben schon sehr verlockend. Irgendwie konnte sie keinen klaren Gedanken mehr fassen. Schließlich murmelte sie kurz entschlossen: «Okay, ich mach's ...»

Sie hinkte los zum Hallenausgang.

«Yo!» machte Mirko. «Hab ich euch doch gleich gesagt, die Kleine hat Mut!»

«Komm mal her, bevor du gehst!» befahl der Boss.

Debora kehrte um und hielt vor dem zerschlissenen Sessel an. «Was ist denn?»

«Du kennst unseren *täg*, unsere Geheimnamen und unser Versteck», raunte das gepiercte Mädchen zwischen schmalgezogenen Lippen hervor. «Du musst das Schweige-Gelübde ablegen. Niemand erfährt von dir ein Wort über uns, selbst wenn du die Mutprobe nicht bestehst. Schwörst du's?»

Debora nickte. Ihr war unbehaglich zumute.

«Nein, sprich's aus! Sag mir nach: Ich gelobe zu schweigen wie ein Grab über alles, was ich über die Banfits weiß. Von jetzt an und bis ich sterbe.»

Mit jeder Sekunde fühlte sich Debora mulmiger.

Worauf ließ sie sich hier bloß ein? «Ich gelobe zu schweigen über die Banfits, bis ich sterbe», presste sie leise heraus.

«Und nun los!» schmunzelte Franziska. «Hals- und zweiter Beinbruch!»

Der Hip-Hop-Sound hallte in Deboras Ohren, als sie zur Tür humpelte. Sie klemmte die Spraydose in der Armbeuge fest, damit sie das Ding nicht verlor. Die Dose würde sie noch brauchen – beim bloßen Gedanken daran begannen ihre Hände schon zu zittern.

Nachdem Debora verschwunden war, beorderte Franziska mit einer Kopfbewegung Mirko zu sich. Er beugte sich über sie und lächelte ihr auftrumpfend ins Gesicht.

«Du folgst ihr heimlich, Mick. Und erzählst uns nachher haarklein, was passiert ist!»

«Kein Problem, Mann!» grinste er und steckte sich zur Feier des Tages eine neue Zigarette an.

Geheimzeichen «Schöner Tag!»

11

Simon und Raffi trafen sich mit ihren Freunden auf dem Gehsteig vor der Wohnblocksiedlung. Loko und Suila waren sofort damit einverstanden, im Keller des Hausmeisters nach Spuren zu suchen.

«Aber einer von uns muss hier draußen Schmiere stehen, falls jemand kommt!» sagte Simon und klopfte seiner Schwester auf die Schulter. «Am besten du, Raffi.»

Doch die Kleine schüttelte den Kopf. «Ja Pingu! Wieso immer ich? Ich will nicht!»

«Weil du's so gut kannst! Niemand von uns wäre so cool wie du!»

«Ha, ha!» Sie verzog den Mund. «Ich wüsste ja gar kein Zeichen, um euch zu warnen.»

«Ruf einfach: Schöner Tag!» schlug Loko vor. «Aber so laut, dass wir's im Keller unten hören können.»

«Schöner Tag?»

«Ja, das fällt auch nicht auf! Stell dir vor, da kommt einer und du wünschst ihm 'nen schönen Tag. Der würde sich doch glatt freuen, dass da so ein nettes kleines Mädchen steht und ihn freundlich grüßt!»

«Ich bin nicht klein!» beschwerte sie sich.

«Aber du tust es?»

«Na ja, wenn ihr euch alle nicht getraut!» Keck steckte sie einen Kaugummi in den Mund und schmatzte absichtlich laut darauf herum.

«Also los!» Die Kinder schauten sich an und rannten zum Haus.

Leise öffneten sie den Eingang. Als sie sicher waren, dass niemand kam, tappten sie sofort die Treppe zum Untergeschoss hinab.

In der Tiefe machte Simon die Tür auf und drückte den Lichtschalter. Die Leuchtröhren an der Decke flammten auf.

Das gestreifte Absperrband war noch da, weil bis zur Spurenaufnahme durch die Polizei alles so bleiben musste, wie es nach dem Einbruch hinterlassen worden war. Das verwüstete Kellerabteil sah immer noch genauso aus wie beim ersten Augenschein: geborstene Holzregale, aufgeschlitzte Winterkleider, zersplitterte Kompottgläser. In der Luft hing der schwere, süße Duft der Marmelade, die klebrig über dem ganzen Trümmerhaufen ausgelaufen war und schon zu schimmeln anfing. Daneben baumelte ein Ölgemälde in Fetzen aus dem geknickten Bilderrahmen.

Nacheinander schlüpften die Kids unter dem Absperrband hindurch.

«Das Schloss scheint nicht aufgebrochen zu sein.» Suila betrachtete es von nahem. «Keine Kratzer, und die Schnappvorrichtung ist wie neu.»

«Diese kleinen Schlösser sind doch kein Problem», wandte Loko ein. «Du brauchst bloß einen Schlüssel abzufeilen, dann passt er überall.»

«Mhm, so könnte es gewesen sein.» Simon bückte sich und suchte den Fußboden ab.

Gleichzeitig überprüften Suila und Loko alle Nischen auf einen verdächtigen Gegenstand. Doch fürs Erste konnten alle drei nichts Besonderes entdecken.

Ächzend richtete Simon sich wieder auf. «Sagt mal – wenn euch jemand den Einbruch in die Schuhe schieben will, wer käme denn da in Frage?»

«Das müsste wer aus unserem Block sein», überlegte Loko. «Nur die Nachbarn wussten von unserem Streit mit dem Hausmeister und konnten sich ausrechnen, dass der Verdacht auf uns fallen würde.»

«Hey!» Suila griff sich an den Mund. «Aber nein – so was würde die bestimmt nicht tun ...»

«Wer?» Auffordernd blickte Loko seine Schwester an. «Jetzt sag schon!»

«Da ist doch dieses Mädchen im vierten Stock. Die mit den violetten Haaren – Franziska ...»

«Ein Mädchen?» zweifelte Loko. «Wäre die überhaupt stark genug, um so einen Tumult anzurichten?»

«Sie muss es ja nicht allein getan haben», gab Simon zu bedenken. «Aber dieses Mädchen – hätte die denn einen Grund dafür, euch so was Fieses unterzuschieben?»

«Ich ...» Betreten schaute Suila zu Boden. «Franziska und ich, wir waren mal Freundinnen – bevor ich Debora kennen lernte.» Schmerzlich fiel ihr wieder ein, dass Debora das Interesse an ihr verloren zu haben schien und sie vielleicht bald ganz ohne Freundin dastehen würde. «Dann hatten Franziska und ich einen Riesenknatsch, weil ich mich immer öfter mit Debora zum Reiten traf. Wir lieben eben beide Pferde, und so ...

Jedenfalls ... Franziska wurde mega eifersüchtig und ist bis heute total eingeschnappt deswegen.»

«Da könnte tatsächlich was dran sein», murmelte Simon.

Loko wischte sich den Staub von der Hose. «Ich glaub, Franziska treibt sich oft hinter der alten Fabrik rum – hab sie 'n paar Mal drüben verschwinden sehen. Vielleicht sollten wir uns da mal umschauen.»

«Gute Idee», fand Simon. «Wär ja möglich, dass wir dort irgendwas rauskriegen, das uns weiterbringt.»

Vor dem Wohnblock blies Raffi aus Langeweile ihren Kaugummi auf, so fest sie nur konnte. Doch die Blase zerplatzte und klebte im Nu auf ihrem ganzen Gesicht fest. Während sie die Fetzen von der Wange klaubte, bog plötzlich jemand um die Ecke. Es war ausgerechnet der Hausmeister.

Ohne zu zögern rief die Kleine: «Schöner Tag!»

Der dürre Mann im Arbeitskittel murrte: «Ja, ebenfalls.»

Als er an ihr vorbeigehen wollte, stellte sie sich so vor die Tür, dass er sie nicht öffnen konnte.

«Was soll das? Lass mich durch, ich muss in den Keller!»

«Oh-oh», machte Raffi.

«Was ‹oh-oh›? Zu wem willst du überhaupt?»

«Ich? Zu niemandem ...» antwortete sie wahrheitsgetreu und fragte sich, warum zum Kuckuck die anderen nicht heraufkamen. Hatten die am Ende den Warnruf gar nicht gehört? Ziemlich schrill sagte sie deshalb: «Ich mach mir nur ’n schönen Tag!», wobei sie die letzten Worte schon fast herausschrie.

«Ja, und hinderst dabei andere Leute am Arbeiten! Aber jetzt ist Schluss damit!» Er schob sie zur Seite.

In ihrer Verzweiflung fiel Raffi nichts Besseres ein, als schnell einen neuen Kaugummi in den Mund zu stecken, zwei oder drei Mal darauf zu kauen und ihn dann vor dem Hausmeister auf den Boden zu spucken.

«Das gibt’s ja nicht!» Ihm fielen fast die Augen aus dem Kopf. «Was fällt dir eigentlich ein?»

Raffi erschrak total über ihren eigenen Mut. «Eben nichts ...» murmelte sie mit trommelndem Herzen.

«Das machst du sofort weg! Aber sofort! So eine Sauerei!» Er musste aufpassen, dass er nicht auf der Stelle einen Nervenzusammenbruch bekam.

«Ich hab aber kein Papierchen mehr, wo ich ihn reintun kann.» Verlegen kratzte sie sich einen rosa Schnipsel ihres ersten, geplatzten Kaugummis vom Kinn.

«Kein Papierchen? Kein Papierchen? Das ist mir egal!» schrie der Hausmeister so laut, dass der ganze Block es hören konnte. Aus seinem Mundwinkel machte sich ein dünner Speichelfaden auf den Weg Richtung Bartstoppeln.

Raffi fand die Lage zusehends ungemütlicher und überlegte kurz, ob sie das Warnzeichen erneut nach unten rufen sollte. Doch sie hielt das für keine besonders gute Idee – noch ein einziges Mal «Schöner Tag!», und der Hausmeister würde endgültig ausrasten. Na super!

Von wegen, die Leute freuen sich, dass da so ein nettes Mädchen steht und sie freundlich grüßt! Fällt ja überhaupt nicht auf, kein bisschen! Mit Loko würde sie noch ein Wörtchen reden – falls sie hier heil herauskäme, was im Moment gar nicht so aussah. Doch da nahte unverhofft Rettung.

«Wer wird denn gleich so rumbrüllen?» schmunzelte ein uniformierter Beamter, der auf sie zukam. Raffi kannte ihn: Er war einer der beiden Polizisten von der Wache im größeren Nachbardorf.

«Gleich rumbrüllen?» Der Hausmeister strich sich seine blaue Arbeitsschürze glatt. «Du machst Scherze! Die Göre hier treibt einen glatt in den Wahnsinn!» Er streckte dem Beamten die Hand hin. «Kommst du endlich zur Tatortbesichtigung, Hubert?»

Der Polizist nickte. Und Raffi zuckte zusammen. Mit der erhofften Rettung war es doch nicht so weit her. Ganz im Gegenteil, nun rückte auch noch die Polizei an! Und das Problem war größer als je zuvor. Wenn die beiden Männer nun nach unten gingen und die Kinder hinter dem Absperrband vorfinden würden, dann gute Nacht! Was trieben die denn bloß so lange im Keller? Warum hörten die nichts? Hatten die Blumenkohl auf den Ohren?

Der Hausmeister grinste den Beamten an. «Hast dir mit der Ermittlung ganz schön Zeit gelassen, Hubert. Feiertag genossen, was?»

«Schön wär's. Wir haben viel zu tun und müssen die Delikte in der Reihenfolge ihrer Dringlichkeit behandeln.» Er wies mit dem Kopf zum Eingang. «Hier ist keine unmittelbare Gefahr im Verzug, deshalb konnte ich erst jetzt kommen.»

«Aha.» Nun wandte sich der Hausmeister wieder an

Raffi. «Und du, Kleine, machst endlich den Kaugummi da weg!»

«Ich bin nicht klein», schmollte die Kleine.

«Ach, du bist's, Raffaela!» Trotz der rosa Kaugummi-Fetzchen in ihrem Gesicht erkannte sie der Polizist, weil die Kaminski-Kids ihm einmal bei der Aufklärung eines Falles geholfen hatten. «Was machst du denn hier?»

Für Raffi war diese Frage ein Geschenk des Himmels, und sie packte die unerwartete neue Gelegenheit beim Schopf. «Ich hab hier einfach 'n schönen Tag!» brüllte sie aus vollem Hals.

Die Männer sahen sich befremdet an. Noch erstaunter verfolgten sie aber, wie die Kleine sich bückte, den Kaugummi vom Boden klaubte, kurz abwischte und wieder in den Mund steckte. «So», schmatzte sie. «Jetzt schmeckt er erst richtig gut!»

Verdacht auf den Kaminski-Kids

12

Im Keller hatten die Kinder Raffis Warnruf schon beim ersten Mal gehört. Aber weil sie befürchteten, dass gleich jemand herunterkommen und sie auf der Treppe erwischen würde, verzogen sie sich schnell in den angrenzenden Heizungsraum. Drinnen miefte es extrem nach Öl.

Mit zugehaltener Nase murmelte Loko: «Wir hätten Raffi sagen sollen, dass wir nicht rauskommen, sondern uns unten verstecken.»

«Ziemlich blöd.» Simon verzog die Lippen. «Hier drin haben wir auch keine Ahnung, wann die Luft wieder rein ist!»

Durch die geschlossene Tür konnten sie jedenfalls nicht sehen, was drüben im Keller vorging.

Doch da hatte Suila eine Idee. Sie schob eine Kiste zur Wand, stieg hinauf und linste durch das vergitterte Oberlichtfenster.

Was sie sah, gefiel ihr überhaupt nicht. Draußen auf dem Gehweg versuchte Raffi zwei Männer davon abzuhalten, das Gebäude zu betreten – den Hausmeister und, was noch schlimmer war, einen Polizisten! In diesem Moment verschwanden die beiden aus ihrem Blickfeld, und oben wurde die Eingangstür geöffnet.

Rasch legte Suila den Finger an den Mund. «Achtung! Sie kommen!» Sie sprang wieder zu den Jungs hinunter.

Vom Treppenhaus waren Schritte zu hören. Dumpf drangen Stimmen in den Heizungsraum.

«Wenn das wirklich die Gülgüns gewesen sind», war der Hausmeister zu hören, «dann sorge ich dafür, dass die ganze Familie rausfliegt. Den Brief an die Verwaltung hab ich schon getippt.»

Bestürzt starrten Loko und Suila sich an.

«Und zwar fliegen die nicht nur aus der Wohnung, sondern gleich aus dem ganzen Land! Vielleicht wird ihnen das 'ne Lehre sein, wie man sich bei uns benimmt!»

«Eins nach dem andern», erwiderte der Polizist. «Bisher ist noch nicht erwiesen, dass sie's getan haben.»

«Ach was! Daran besteht doch gar kein Zweifel!»

Die Männer entfernten sich ein Stück, weshalb ihr Gespräch nicht mehr verständlich war.

«Wenn wir aus der Wohnung müssen, verliert Vater bestimmt seinen Job!» flüsterte Suila mit angsterfülltem Blick. «Und wo sollten wir dann hin?»

«Der Polizist hat gesagt, dass erst mal Beweise hermüssen», versuchte Simon sie zu beruhigen. Doch auch in ihm wuchs die Beklemmung immer mehr.

«Psssst!» machte Loko, denn hinter der Tür näherten sich die Stimmen wieder. Gleich darauf stampften schwere Schritte zum Erdgeschoss hinauf.

Dann geschah eine Weile lang gar nichts mehr. Der Ölgestank wurde immer unerträglicher – die Kinder begannen sich schon zu fragen, wo sie hier bloß auf die Schnelle ein paar Gasmasken herbekommen könnten ...

Plötzlich zuckten sie zusammen. Die Tür zum Heizungsraum wurde mit einem Ruck geöffnet.

Raffi blickte herein. «Ja Pingu!» sagte sie. «Hier seid ihr also! Da hätte ich mir noch lange den Mund fusselig reden können!»

«Wie siehst du denn aus?» Verdutzt glotzte Simon sie an.

Auf ihrer Nase klebte immer noch ein rosaroter Kaugummifetzen.

Überschwänglich umarmte Suila die Kleine. «Du warst super, Raffi! Ohne dich hätten die uns bestimmt erwischt!»

«Gut gemacht!» lobte auch Loko. «Wie konntest du die bloß so lange aufhalten?»

Frech rollte Raffi mit den Augen. «Das ist eben Megatrick Nummer 77!»

«Sind die wirklich weg?» Um sicherzugehen, stieg Simon auf die Kiste und spähte durchs Fenster. Sofort breitete sich ein Grinsen auf seinem Gesicht aus.

Rasch drängten sich die anderen neben ihn. Draußen hob der Hausmeister den linken Fuß, worauf sich zwischen der Schuhsohle und dem Gehweg klebrige Kaugummifäden hochzogen. Wütend brüllte er: «Aaaaaach!» und setzte noch ein paar unschöne Worte hinzu.

Die Kids sprangen auf den Boden hinab und brachen in ein Riesengelächter aus. Dabei pressten sie sich den Mund zu, um nicht gehört zu werden, doch sie konnten sich kaum mehr halten.

«Ich hätte den Kaugummi wohl besser nicht wieder ausspucken sollen, als die beiden weg waren!» prustete

Raffi, worauf sich alle hinkauern mussten, weil sie vor lauter Kichern fast platzten.

Aber mit einem Mal blieb ihnen das Lachen im Hals stecken.

Denn hinter ihnen trat jemand in den Raum.

Erschrocken drehten sie sich um.

Neben dem Heizkessel stand der Polizist und sah sie durchdringend an.

«Was macht ihr denn hier? Kleine Party?» fragte der Beamte in die plötzliche Stille hinein und hob die Hand. «Nein, sagt nichts. Ich weiß es – ihr habt einfach 'nen schönen Tag, richtig?»

Darauf fanden die verblüfften Kinder keine passende Antwort.

«Hab mir doch vorhin gleich gedacht, dass da was nicht stimmt», brummte er. «Als die Kleine so seltsam in der Gegend rumschrie ...»

Raffi warf Loko einen vorwurfsvollen Blick zu. Der Junge würde ihr mindestens ein doppeltes Eis mit extra Schokowaffel spendieren müssen! *Schöner Tag!* – ein unauffälliger Spruch, pah!

«Wer ist da drin?» polterte der Hausmeister, angelockt durch das Palaver. Als er in den Heizungsraum trat, fiel sein Blick sofort auf die Gülgün-Geschwister, und er gab dem Polizisten aufgeregt Zeichen: «Das sind die beiden! Die waren es!»

Dann stierte er Simon und Raffi an. «Und die zwei haben ihnen bestimmt dabei geholfen! Das müssen nämlich mehrere gewesen sein. So eine Sauerei kann einer allein gar nicht anrichten! Auch zum Tragen der Weinkisten braucht's ein paar Helfer. Die Dinger sind nämlich ziemlich schwer.»

«Wir waren's aber nicht!» Loko baute sich vor ihm auf und wies auf die Kaminski-Kids. «Und die beiden haben überhaupt nichts mit der Sache zu tun!» Er musste aufpassen, dass er in seiner Gefühlsaufwallung dem schmächtigen Mann mit der Arbeitsschürze nicht zu nahe kam, denn er war größer und ein ganzes Stück kräftiger gebaut als dieser.

«Siehst du! Hier hast du's, Hubert!» rief der Hausmeister. «Unternimm doch was! Sonst greift mich der Bengel noch an!»

«Jetzt aber mal ganz ruhig, Junge, ja?» Absichernd stellte sich der Beamte vor Loko hin und musterte ihn und die Kids ernst. «Was habt ihr hier unten gesucht?»

Suila hob die Schultern. «Nichts ...»

«Wir wollten mal nachschauen, ob wir im Keller Spuren finden», lenkte Loko ein. «Um vielleicht rauszukriegen, ob...»

«Spuren finden!» schnauzte der Hausmeister. «Wohl eher Spuren verwischen!»

«Sieht wirklich nicht gut für euch aus, das muss ich schon zugeben», pflichtete der Polizist bei. «Es ist nicht von der Hand zu weisen, dass ihr möglicherweise was vertuschen wolltet. Verdunkelung nennt man so was.»

«Aber nein ...» wandte Simon ein, doch der Hausmeister unterbrach ihn: «Und ihr beiden gehört dazu!» Sein Zeigefinger stach in Richtung Kaminski-Kids.

«Das wird die Spurenauswertung schon zeigen, wer da alles dabei war – Fingerabdrücke und so», erklärte der Beamte. «Würde mich echt enttäuschen, Kinder. Ihr habt doch früher der Polizei geholfen ...»

Beim Stichwort Fingerabdrücke schoss es Simon durch den Kopf, dass er drüben im Keller den Lichtschalter gedrückt hatte – da waren doch jetzt seine Fingerabdrücke drauf!

Der Polizist fasste die Kids streng ins Auge. «Ihr steht jedenfalls alle unter Verdacht.»

Raffi lief es kalt den Rücken hinunter. «Müssen wir jetzt ins Gefängnis? Oder auf die Polizeiwache?»

«Nein, aber eure Namen werden registriert, bis der Fall aufgeklärt ist.» Der Polizist klappte seinen Notizblock auf und schrieb ihre Personenangaben hinein.

Unter dem zufriedenen Lächeln des Hausmeisters schlenderten alle nachdenklich zum Erdgeschoss hoch. Die beiden Männer verabschiedeten sich voneinander und ließen im Eingangsflur vier bedrückte Kinder zurück.

Beschämt druckste Loko herum. «Tut mir mega leid, euch da auch noch mit reingezogen zu haben ...»

«Das ist doch nicht deine Schuld!» wehrte Simon ab. «Jetzt gilt's erst recht, die wahren Täter zu finden, um uns alle von dem Verdacht zu befreien!»

«Genau!» Raffi gab Suila einen aufmunternden Klaps auf den Rücken.

«Na, dann los!» Loko konnte es kaum erwarten. «Lasst uns gleich das alte Industriegelände unter die Lupe nehmen. Vielleicht entdecken wir da ja wirklich was!»

Die Mutprobe

13

Der Schweiß lief Debora in kleinen Bächen übers Gesicht, als sie auf die Omnibus-Haltestelle zuhumpelte. Obwohl das Wartehäuschen in einer Nebenstraße stand, die auch am helllichten Tag kaum jemand benutzte, schaute Debora sich vorsichtig um. Nachdem sie sich vergewissert hatte, dass keiner kam und auch an den Fenstern auf der Rückseite der umliegenden Gebäude niemand sie beobachtete, hob sie ihr verletztes Bein, winkelte es über den Griff der einen Krücke und lehnte die zweite gegen die Wand des Wartehäuschens.

Mit zitternden Händen zog sie den Deckel der Spraydose ab und legte ihn auf die Sitzbank. Innerlich war sie hin und her gerissen. Sie hatte schreckliche Angst, erwischt zu werden, und fragte sich, was sie da eigentlich vorhatte. Obwohl ihre Gefühle ihr sagten, sie solle es bleiben lassen, war sie drauf und dran, etwas zu tun, das sie irgendwie gar nicht wollte – eine Grenze zu überschreiten, die sie noch nie in ihrem Leben angetastet hatte. Alles in ihr begann sich zu sträuben.

Unsicher geworden, ließ sie den Blick in der drückenden Nachmittagshitze nochmals über die Gegend schweifen. Dabei entdeckte sie etwas, das eben noch nicht da gewesen war. Hinter einer Hausecke ragte ein

Stachelhaarschnitt hervor – Mirko zwinkerte ihr zu und gab ihr ein Zeichen, endlich anzufangen.

Da riss sich Debora zusammen. «Was soll's!» dachte sie. Sie hatte sich ja vorgenommen, nicht mehr immer so brav zu sein, und dafür musste sie eben auch mal ein Risiko eingehen – ganz von alleine würde sie bestimmt nicht mehr Spaß im Leben haben als zuvor. Doch ihr ungutes Gefühl blieb, ihre inneren Warnlämpchen leuchteten unvermindert.

Entschlossen begann sie auf die Wand neben der Glasscheibe loszusprühen. Nach dem ersten Buchstaben schaute sie zum Banfits-Symbol auf ihrem Fußgips hinunter, um auch ja alles richtig zu machen.

Aus dem Augenwinkel bemerkte sie Mirkos Geste, ihr Schriftzug sei zu klein, was sie dazu anspornte, besonders groß weiterzusprühen. Sie war so vertieft in ihre Sache, dass sie gar nicht bemerkte, wie der Omnibus vorne auf der Hauptstraße heranbrauste. Er würde gleich zur Haltestelle hier abbiegen.

Gerade als Debora mit dem BANF-Zeichen fertig war, rumpelte der Bus um die Ecke. Das Herz sackte ihr in die Hose. Hastig klemmte sie die Spraydose unter die Achsel und stakste zu Mirko hinüber, so schnell sie nur konnte. Das wird knapp, fieberte sie, und es schien ihr, sie käme nur in Zeitlupe vorwärts – als klebten ihre Krücken am Boden fest. Wie in einem entsetzlichen Traum. Sie hatte nicht den Hauch einer Ahnung, was sie sagen sollte, wenn man sie jetzt schnappen würde.

Der Omnibus bremste quietschend ab.

Im letzten Moment schaffte Debora es hinter die Hausmauer.

Angespannt und schwer atmend beobachtete sie mit

Mirko, wie die Fahrzeugtüren aufzischten. Zwei Frauen stiegen aus – eine junge mit kurzem schwarzem Haar und eine Rentnerin.

«Jetzt sehen Sie sich mal das an!» rief die Ältere und zeigte auf das Wartehäuschen. «Diese Schmiererei war heute Morgen noch nicht da! Das ist doch eine Unverschämtheit!»

Je mehr die Frau sich aufregte, desto breiter wurde Mirkos Lächeln. «Wenn die so weitermacht, kriegt sie nächstens 'ne Herzattacke», grinste er und klopfte Debora anerkennend auf die Schulter, was eine angenehme Wärme durch ihren Körper strömen ließ.

Die Rentnerin wackelte in Richtung Busfahrer. «Haben Sie das gesehen?»

Doch der achtete nicht auf sie, weil er bereits damit beschäftigt war, die Einsatzzentrale über Funk von der Beschädigung zu benachrichtigen.

«Haaallo!» Die alte Dame wollte sich Gehör verschaffen.

«Ist ja gut», brummte der Lenker.

In dem allgemeinen Durcheinander klaubte die junge Frau mit dem schwarzen Haar den Dosendeckel, den Debora liegen gelassen hatte, von der Sitzbank und steckte ihn ein.

«Was tut denn die da?» murmelte Mirko misstrauisch. Die Sache gefiel ihm ganz und gar nicht.

Der Fahrer ließ die Türen zuklappen, und der Omnibus donnerte davon.

Kopfschüttelnd machte die Rentnerin sich auf den Weg zu den Wohnhäusern im Viertel. Doch sie kam dabei unglaublich langsam voran. Sogar eine schläfrige Schildkröte hätte sie spielend überholen können.

Während die Rentnerin den Gehsteig entlangwackelte, begann die junge Frau, grüne Flugblätter in die umliegenden Briefkästen zu verteilen.

Debora atmete auf. Mann o Mann, das war ja gerade noch mal gut gegangen!

Doch in dem Augenblick, als die alte Frau endlich um die Ecke bog, schlenderte die junge Schwarzhaarige auf Debora zu.

Mirko verzog sich. Innerhalb von Sekundenbruchteilen war er wie in Luft aufgelöst. Und Debora stand alleine da.

Die Kurzhaarige holte den Dosendeckel aus ihrer modisch abgewetzten Lederjacke. «Du hast da drüben was vergessen.»

«Ich, äh ...» Debora spürte einen dicken Kloß im Hals und blickte hilflos auf die Spraydose unter ihrem Arm.

Da beugte sich die andere vor und setzte den Verschluss ohne Umschweife auf die Dose. «Passt», sagte sie. «Mit so was sollte man sich nicht erwischen lassen!»

Völlig bleich im Gesicht starrte Debora sie an.

Die Frau wies mit dem Kopf zur Haltestelle hinüber. «Sieht so aus, als wär ich die Einzige, die's gesehen hat. Warum tust du so was?»

«Ich ... ich ...»

«Das bringt doch nichts – allerhöchstens Schwierigkeiten.»

Unsicher nickte Debora.

«Du hast jedenfalls Glück gehabt, dass man dich nicht erwischt hat.»

«Aber Sie ... Sie haben mich doch ...»

«Ich verpfeif dich nicht, keine Angst.»

«Nein?»

«Du musst selbst wissen, was du tust.» Die Schwarzhaarige zog ihre Lederjacke aus und warf sie sich über die Schulter. «Du bist für dein Leben selbst verantwortlich. Ich geb dir einfach 'nen Gratistipp: Es bringt viel mehr, was Sinnvolles zu tun – jedenfalls ist das meine Erfahrung. Wenn du lieber was kaputtmachst ...» Sie zuckte mit den Schultern. «Aber dann musst du auch die Folgen tragen. Und die wird's früher oder später geben, das ist nun mal so.»

Der Gedanke war Debora auch schon gekommen. Obwohl all ihre Warnlämpchen blinkten, hatte sie sich prompt die Finger verbrannt – das reichte ihr fürs Erste völlig.

Die junge Frau streckte ihr die Hand hin. «Ich bin Petra, die Leiterin vom neuen Jugendtreff *Planet7* im Nachbardorf.»

«Guten Tag ...»

«Kannst ruhig du zu mir sagen. Hier!» Sie gab ihr eins der grünen Flugblätter. «Wir machen zur Eröffnung eine coole Aktion: einen Graffiti-Workshop, zu dem extra ein bekannter Profi-Sprayer aus der Stadt kommt. Steht alles da drauf.»

Debora blickte auf den Werbezettel. «Danke Ihnen.»

«Wir sind per du, dachte ich», lachte Petra. «Schau

doch einfach mal im Treff rein, wenn du Zeit hast. Der Workshop würde dir bestimmt gefallen – da kann man nämlich lernen, *schöne* Graffiti zu sprühen ...»

Schweigend steckte Debora das Blatt ein. Sie konnte nach wie vor kaum glauben, dass die Frau sie wirklich nicht verpfeifen wollte.

«Tschüss. Und vielleicht bis bald mal.» Petra wandte sich ab und schlenderte davon.

Kaum war sie außer Sichtweite, stand Mirko wieder da. Er hatte sich anscheinend in einem Hauseingang versteckt – aber so gut, dass nicht die winzigste Spur von ihm auszumachen gewesen war. Erst jetzt fiel Debora auf, dass er eine große Plastiktüte bei sich trug.

«Was hat die Tussi denn gewollt?» murrte er. «Will sie konkret Stunk machen?»

«Überhaupt nicht.» Debora war noch immer ziemlich verwirrt.

«Na, dann ist ja gut.» Gelassen gondelte Mirko zur Bushaltestelle hinüber und zog sich die Kapuze seiner Trainingsjacke tief ins Gesicht. Als er vor dem Wartehäuschen ankam, öffnete er die geräumige Tüte und holte einen Baseball-Schläger heraus.

Starr vor Schreck verfolgte Debora, wie der Junge mit einem gezielten, harten Hieb die Scheibe einschlug.

Das Glas barst mit ohrenbetäubendem Klirren in tausend Scherben und splitterte auf den Gehsteig.

Rasch verbarg Mirko den Schläger wieder und rannte zu Debora in Deckung.

«Sag mal, hast du sie nicht mehr alle?» Geschockt starrte sie ihn an. «Die Frau weiß doch ganz genau, dass ich das *täg* gesprayt hab! Bestimmt wird die nun glauben, ich hätte auch die Scheibe eingehämmert!»

Diese Vorstellung entlockte Mirko nur ein lässiges Grinsen. «Und wenn schon.»

«Das find ich jetzt aber völlig daneben!»

«Nun mach mal nicht so'n Schweinetheater, ja?!» fuhr er sie entnervt an.

Auf der gegenüberliegenden Straßenseite gingen Fenster auf und Leute streckten die Köpfe heraus, um nachzuschauen, was da so laut geknallt hatte.

«Ist wohl besser, wir verziehen uns», zischte Mirko.

Debora versuchte ihm mit ihren Krückstöcken zu folgen, doch sie hatte keine Chance, so fix machte er sich aus dem Staub. Während sie hastig den Bürgersteig entlangstakste, saß ihr dauernd das Gefühl im Nacken, gleich würde sie jemand von hinten packen und schreien: «Hier geblieben! Du warst es! Du!»

Erst vorn an der Hauptstraße wartete Mirko auf sie. Als sie es bis dahin geschafft hatte, war sie ziemlich sicher, dass sie nun ungeschoren davonkommen würde. Trotzdem fühlte sie sich ganz und gar nicht mehr wohl in ihrer Haut. Auch Mirko gab ihr zu denken – der Typ hatte sich doch glattweg selbst in Sicherheit gebracht, ohne auch nur das kleinste Bisschen auf sie zu achten.

Wortlos und in sich gekehrt hinkte sie neben ihm her, zurück zur alten Fabrik.

In der Höhle der Banfits

14

Unter der sengenden Sonne betrachteten Simon, Raffi und die Gülgün-Geschwister das mit Unkraut überwucherte Industriegelände. In der ganzen Gegend war keine Menschenseele zu sehen.

Wachsam strichen die Kids zwischen den Ölfässern und den Brennnessel-Büschen um den Altbau herum. Dahinter gingen sie erst mal bei der Bahnlinie in Deckung.

Von da aus musterte Simon die fleckige Fassade der Werkshalle, an der hoch oben das Überbleibsel einer Kettenwinde baumelte. In der flirrenden Hitze war bei keiner der geborstenen Fensterscheiben eine Bewegung auszumachen. Doch plötzlich wogte ein bedrohliches Geräusch heran.

Auf den Geleisen näherte sich ein Güterzug.

«Weg hier!»

Die Kids sprangen auf und warfen sich in die Brombeerbüsche neben dem Schienenstrang. Dornen schrammten über ihre Arme, Beine und Gesichter. Wenige Augenblicke später donnerte oben die Lok mit zwei angehängten Waggons vorbei – nicht sehr schnell, aber der ganze Erdboden bebte unter der Wucht des Zuges.

«Poa! Das war knapp!» Raffi wischte sich den Schweiß von der Stirn.

Aufatmend beobachteten die Kids, wie die Lok drüben vor dem Teil der Fabrik, der noch in Betrieb war, zum Stillstand kam. Arbeiter traten aus dem Warenlager und begannen Kartons mit frisch hergestellten Schuhen in die leeren Waggons zu füllen.

Suila befreite sich von den Dornenzweigen, die sich an ihrem T-Shirt festgehakt hatten. Als sie sich aufrappeln wollte, hielt Loko sie zurück. «Warte! Ich glaub, da kommt wer!»

Tatsächlich waren entfernt Schritte zu hören.

Durch das dichte Gesträuch konnten die Kinder erkennen, dass jemand um die Ecke bog. Es war Mirko.

«Sieh mal einer an!» wunderte sich Simon.

Noch mehr staunten die Kids aber, als Debora hinterhergehumpelt kam.

«Was soll denn das bedeuten?» Suila kriegte den Mund nicht mehr zu.

Ohne Zögern traten Mirko und Debora in das abbruchreife Gebäude. Drinnen wurden sie von zwei Kontrollposten empfangen, die mit ihnen im Korridor verschwanden.

«Zum Glück sind wir da vorhin nicht reingegangen», flüsterte Simon. «Wir wären denen direkt in die Hände gelaufen!»

«Und was tun wir jetzt?» fragte Raffi aufgeregt.

Loko stand auf. «Wir schleichen ihnen hinterher, ist doch klar! Wenn wir eine Spur finden wollen, die uns vom Einbruchsverdacht befreien könnte, bleibt uns gar nichts anderes übrig. Aber einer von uns sollte hier draußen Schmiere ...»

«Ja Pingu!» blockte Raffi ab. «Das kannst du gleich vergessen! *Schöner Tag*, was?»

«Schon gut, schon gut, dann eben nicht.»

«Also los, Leute!» Simon huschte davon, und die anderen folgten ihm über den Vorplatz zu dem verwitterten Bau.

Mit angehaltenem Atem traten sie in den finsteren Gang. Raffi hielt sich ganz nah bei Simon. Je weiter sie den Korridor entlang vordrangen und ins schimmlig miefende Dunkel tauchten, desto zittriger wurden ihre Knie.

Durch verborgene Ritzen fiel gerade genügend Licht, um ohne Taschenlampe auszukommen. Angespannt starrten die Kids in jede Nische, ständig darauf gefasst, dass plötzlich jemand hervorschnellen würde. Ihr Herz pochte bis zum Hals.

Nach einer Weile zweigte eine Treppe ab. Immerhin bis hierher hatten sie's geschafft! Behutsam tasteten sie sich die Stufen empor.

Im ersten Stock hielten sie an. Durch die Tür mit der Aufschrift WERKSTATT 1 drang gedämpft Musik und Geplauder. An der Treppenhauswand hing ein weiteres Schild: Es trug die verblassten Buchstaben ZUM BÜRO, daneben zeigte ein Pfeil die Treppe hoch.

Mit Handzeichen verständigten sich die Kids, leise hinaufzuschleichen.

Oben gelangten sie in einen schmutzigen Raum, der mit Schutt und Mörtel übersät war. Ganz am Ende erhob sich eine zersprungene Glaswand.

Vorsichtig tappten die Kinder so weit darauf zu, bis sie hindurchsehen konnten. Die Scheibe gab den Blick frei auf die lichtüberflutete Halle – das Bandenversteck der Banfits.

«Da sind sie!» flüsterte Raffi.

In der Tiefe standen Debora, Mirko und die beiden Kontrollposten vor dem Mädchen mit den violetten Haaren, das sich im Polstersessel fläzte. Daneben hingen drei Jungs und zwei Mädchen vor dem wuchtigen Kassettenrekorder herum. Zu den bebenden Hip-Hop-Bässen schwofte ein Junge in ihrer Mitte. Erst bewegte er sich ruckartig wie eine elektrische Schaufensterpuppe, dann ließ er sich fallen und wirbelte seinen Körper surrend im Kreis herum, wobei er nur an einem Punkt den Boden berührte – mal war's die Hand, mal der Ellbogen, manchmal sogar der Kopf. Die Banftis johlten beifällig mit.

Der Breakdancer kam wieder auf die Beine und klatschte allen in der Runde auf die hingestreckte Handfläche.

Oben im ehemaligen Büro tippte Simon seinen Freund an und wies mit dem Kinn zu einer langen Reihe Schaumweinflaschen auf dem Hallenboden.

«Hey!» stutzte Loko. «Das ist aber interessant!»

Das fand Simon auch. Es sah ganz so aus, als wären sie hier tatsächlich auf eine heiße Spur gestoßen. Wo der gestohlene Sekt aus dem Keller des Hausmeisters hingekommen war, hatten sie nun jedenfalls schon mal rausgekriegt.

«Das hättet ihr sehen sollen, ey!» schwärmte Mirko unten den Banfits vor. «Debora hat das *täg* voll riesig auf das Wartehäuschen gesprayt! Die Leute kriegten sich kaum mehr ein, als sie's sahen!»

«Krass!» Die Bandenmitglieder raunten anerkennend, und Deboras Herz schwoll neu für Mirko an. Er ist eben doch ein traumhafter Junge, schwelgte sie im Stillen für sich.

«Und dann kam das Beste», setzte Mirko hinzu. «Als sie mit Sprayen fertig war, hat sie ohne mit der Wimper zu zucken auch noch die Scheibe eingeschlagen! Voll Karacho, yo, Mann!»

Das gefiel Debora nun allerdings gar nicht. «Was hab ich?»

«Respekt», nuschelte einer der Banfits. «Konkret krass, ey!»

«Erste Sahne!» lobte Franziska. «Damit bist du natürlich supermäßig in die Bande aufgenommen!»

Ergün verzog das Gesicht. Er war mit der Entscheidung ganz und gar nicht glücklich, blieb aber stumm.

«Ich hab euch doch gleich gesagt, die ist zu gebrauchen!» brüstete sich Mirko. «Die könnte man auch mal für was Gröberes einsetzen – voll fett, Mann!» Auftrumpfend blickte er die Banfits an. «Hab ich euch mal wieder 'ne coole Braut aufgetan für die Bande, was?!»

Ein Stockwerk höher konnten die Kaminski-Kids kaum glauben, was sie da hörten. Klar, Debora hatte sich verändert, seit sie in der Klinik gewesen war – aber gleich so extrem?

«Das hätt ich nie von ihr gedacht», murmelte Raffi.

Simon schüttelte den Kopf. «Da stimmt was nicht. Das passt doch überhaupt nicht zu ihr.»

Unten versuchte Debora zu erklären, was in Wirklichkeit geschehen war. «Ich hab das Glas gar nicht kaputtg...»

Doch Mirko fiel ihr ins Wort. «Nun hab dich nicht so! Du wolltest mich beeindrucken, deshalb hast du's getan. Für mich tut doch konkret jede Tussi was, um mir zu gefallen, ey!»

Sie sah ihn betreten an. «Was meinst du denn damit?»

Da fingen alle Banfits laut an zu lachen.

Das brachte Debora völlig aus der Fassung. Sie verstand die Welt nicht mehr.

«Gut möglich, dass bald was Gröberes ansteht», überspielte Franziska das Gelächter. «Ich hab nämlich für morgen was vor. Das wird noch viel krasser als unsere letzte Aktion, obwohl ...» Ihr Mund verzog sich zu einem genüsslichen Grinsen. «Ich bieg mich immer noch vor Lachen, wenn ich dran denke, wie wir dieser blöden Suila eins auswischen konnten!» Sie fasste Debora scharf ins Auge. «Suila ist nämlich 'ne richtige Schlampe! Ich hoffe, du hast das auch endlich gecheckt!»

Debora wollte entschieden widersprechen, war aber wie gelähmt, weil sie Angst hatte, von den Banfits erneut ausgelacht zu werden.

In der Höhe traten Suila Tränen in die Augen. Nun war für sie endgültig alles klar – sie hatte ihre beste Freundin verloren. «Die ganze Zeit kümmere ich mich um ihr Pferd», dachte sie bitter, «und jetzt lässt die mich total hängen.» Dennoch nahm Suila sich vor, weiterhin für Fanny zu sorgen. Die Stute trug schließlich keine Schuld und musste täglich gepflegt und bewegt werden. Und trotz allem hatte Suila immer noch einen winzigen Funken Hoffnung: Debora war eine so gute Freundin gewesen. Sie konnte nun doch nicht einfach ...

«Also, kommt mal näher, Leute!» Der Boss scharte die Banfits um sich. «Bei der Sache morgen geht's um Folgendes.»

In diesem Moment stieß Suila, die sich ihre Tränen abwischen wollte, gegen die Mauer. Loser Putz und kleine Steinbrocken lösten sich und fielen in die Halle hinab, wo sie mit lautem Prasseln aufprallten.

«Was ist denn da los?» Mirko war blitzartig auf den Beinen. «Da ist doch wer!»

Sofort schwärmten die Banfits aus – die einen rannten, die andern ratterten mit ihren Skateboards zur Hallentür. Nur Debora und Franziska blieben zurück.

All das bekamen die Kaminski-Kids gar nicht mehr mit. Überhastet stoben sie zur Bürotür und sahen sich draußen um. Die Treppe konnten sie keinesfalls nehmen, weil sie dort unweigerlich von den Banfits erwischt würden. Rasch öffneten sie die einzige weitere Tür im Gang. Doch die führte bloß in einen dunklen Lagerraum, der voll gestopft war mit alten Regalen, Holzpaletten und verstaubten Maschinenteilen, die nach der Schließung des Werks hier zurückgelassen worden waren.

Da ihnen kein anderer Ausweg blieb, verschwanden die vier Kids fluchtartig in diesem düsteren Raum.

Der gefährliche Plan

15

In der Finsternis des Abstelllagers versteckten sich die Kids ganz nahe bei einem rostigen Dampfkessel. Loko kletterte hinter den muffig riechenden Tank, Raffi, Suila und Simon folgten schnell. Gleich in ihrem Rücken befand sich ein hohes Brett, das den Zugang zu einem Fenster versperrte. Die beiden Jungs versuchten, die Holzplatte wegzuschieben, doch da stampften die Banfits bereits die Treppe hoch und rannten nebenan ins ehemalige Büro.

«Keiner da», war von drüben zu hören.

In diesem Augenblick trat Ergün in den dunklen Lagerraum. Argwöhnisch ließ er den Blick über die verfallenen Maschinen schweifen. Im Schutz des Dampfkessels wagten die Kids keine Bewegung mehr.

«Hier auch nicht», murmelte Ergün nach einer Weile. «Hier ist alles paletti.»

Die Banfits machten sich auf den Weg nach unten, während die Kinder im Lagerraum erleichtert Luft ausstießen.

Da sagte draußen jemand: «Wartet mal, Jungs.» Es war die Stimme von Mirko. «Die Sache gefällt mir irgendwie nicht.»

Wachsam kam Mirko ins Lager herein. Viel näher als

Ergün vorhin. Mitten im Raum blieb er stehen. Während er in die Dunkelheit starrte, spannte sich jede Faser seines durchtrainierten Körpers.

Den Kids gefror das Blut in den Adern.

Federnd ging Mirko in die Hocke und suchte mit den Augen den Fußboden unter den Regalen ab.

Wie gelähmt verharrten die Kinder mit rasendem Puls in ihrem Versteck. «Zum Glück hat die Dampfkesselanlage einen Sockel», dachte Loko, denn hinter den Unterbau konnte man von vorne nicht sehen. Da bemerkte er auf der Plattform einen Mörtelstein, und eine Idee durchzuckte seinen Kopf. Lautlos hob er den Brocken hoch. Er zeigte ihn seinem Freund und wies damit zur Tür.

Simon verstand sofort, was Loko ihm sagen wollte. Es wäre ein Wagnis, aber sie hatten keine andere Wahl. Der misstrauische Mirko kauerte immer noch vor den Regalen, und es war nur eine Frage der Zeit, bis er sie hinter dem Tank entdecken würde. Notgedrungen nickte Simon, obwohl er ganz schön Bammel hatte.

Loko zielte mit dem Klumpen Richtung Diele. Er war sich darüber im Klaren, dass er nur einen einzigen Versuch hatte. Würde er nicht durch die Türöffnung treffen oder gar einen Banfit streifen, dann hätten sie ein Problem. Ein sehr großes sogar! Von der ganzen Bande in die Mangel genommen zu werden, wäre eine Angelegenheit, auf die er zu gern verzichtet hätte.

Loko fasste sich ein Herz. Mit voller Kraft schleuderte er den Mörtelbrocken durch den Raum. Der Stein flog haarscharf unter dem Türrahmen zur Treppe hinaus und polterte laut die Stufen hinab.

«Hey! Da unten ist wer!» rief ein Banfit. Und ein

anderer schrie: «Auf der Treppe! Da türmt wer die Treppe runter!»

Blitzartig schnellte Mirko hoch und stürmte hinaus. Nach wenigen Sekunden waren alle Banfits aus dem Obergeschoss verschwunden.

Unten brüllte jemand: «Im Keller! Ey! Bestimmt im Keller!»

«Und jetzt?» flüsterte Simon.

«Vielleicht lassen die einen Kontrollposten auf der Treppe zurück», befürchtete Loko. «Wir müssen versuchen, hier oben rauszukommen!»

Die beiden Jungs machten sich wieder an der Holzplatte vor dem Fenster zu schaffen. Doch das Brett war enorm schwer. Da packten die Mädchen mit an und drückten mit aller Kraft. Endlich gab es einen Ruck. Langsam, ganz langsam ließ sich die Platte zur Seite schieben – gerade so weit, bis ein Fensterflügel freilag. Aufgeregt öffnete Suila, und die Kids spähten hinaus.

Etwa eineinhalb Meter unter ihnen verlief die Feuertreppe.

«Okay, raus hier!» Loko half Suila und Raffi, über die Brüstung zu klettern und auf die schwarzen Eisentritte hinabzugleiten. Als auch Simon draußen war, folgte Loko als letzter. Doch dabei verfingen sich seine Jeans in einer rostigen Strebe. Fieberhaft versuchte er, das Bein loszubekommen, aber die Hose war fest verhakt. Er blickte zu den Kids hinunter. «Wartet nicht auf mich! Los! Haut ab!»

Die drei starrten ihn geschockt an.

«Macht schon!» presste er zwischen zusammengebissenen Zähnen hervor. «Ich werd mich nachher alleine durchschlagen!»

«Kommt überhaupt nicht in Frage!» Simon stemmte sich wieder hoch und beugte sich über die Verstrebung.

Ängstlich schauten die Mädchen auf das Fabrikgelände hinunter, ob die Banfits schon angestürmt kamen. Aber es war noch keiner zu sehen.

Oben zerrten und zogen die Jungs verzweifelt. Da – plötzlich ratschte ein langer Riss in Lokos Hosenstoff.

«Tut mir leid», murmelte Simon.

Doch immerhin war das Bein jetzt frei.

«Wollte mir eh neue Jeans kaufen!» sagte Loko und sprang hinter seinem Freund auf die Eisenplattform hinab. Während nun alle vier Kids atemlos in die Tiefe hasteten, schwankte die Feuertreppe bedrohlich.

Doch sie schafften es, heil auf dem Erdboden anzukommen. Gehetzt blickten sie sich um.

Das ganze Grundstück schien menschenleer. Jedenfalls bis jetzt. Aber jede Sekunde zählte.

Ohne lange zu überlegen, rannten die Kids durch das überwucherte Gelände und hielten erst an, als sie außerhalb der Mauerumfriedung angelangt waren.

An der Straße rangen sie keuchend nach Luft.

«Mann o Mann, das war aber mega knapp!» schnaufte Raffi.

Simon wischte sich über die Stirn. «Ich krieg jetzt noch das Herzflattern, wenn ich dran denke!»

«Wie konnte ich nur so ungeschickt sein, 'nen Steinsturz auszulösen!» machte Suila sich ein schlechtes Gewissen. «Ausgerechnet in dem Moment. Das ist mir echt peinlich, ehrlich. Sorry ...»

«Ach komm», tröstete Raffi. «Hätte doch jedem von uns passieren können.»

«Lasst uns nun besser abhauen!» mahnte Loko. «Bevor die Typen noch hier draußen nachsehen!»

«Stimmt, du hast Recht!»

Die vier stoben über die Fahrbahn und versteckten sich auf der anderen Seite bei der Wohnblocksiedlung. Hier waren sie fürs Erste in Sicherheit. Sie hatten es geschafft, die Banfits abzuschütteln. Doch der verhängnisvolle Verdacht, in den Keller des Hausmeisters eingebrochen zu sein, lastete immer noch auf ihnen ...

Im Bandenversteck nutzte Debora die Abwesenheit der Banfits, um mit Franziska unter vier Augen zu sprechen. Denn da war einiges, das sie mächtig beschäftigte. «Sag mal, warum hast du eigentlich was gegen Suila?» begann sie.

«Magst du die etwa immer noch, ey?»

«Ja, klar. Aber weshalb magst *du* sie nicht?»

«Kann dir doch schnuppe sein, oder?!» Mit verschlossenem Gesichtsausdruck hievte sich Franziska aus dem Sessel, schlurfte zum Rekorder hinüber und drehte die Lautstärke voll auf.

Aber Debora ließ nicht locker. «Also?»

«Du nervst, hörst du?!» Missmutig schob sie sich einen Kaugummi in den Mund.

«Nun komm schon ...»

«Na, wenn du's unbedingt wissen willst! Suila hat

mich für blöd verkauft und einfach sitzen lassen, die doofe Zicke. Bist du jetzt zufrieden?»

«Einfach so sitzen lassen – oder ist zwischen euch was vorgefallen?»

«Ist das hier eigentlich ein Interview, oder was?»

«Nein, aber ich muss es eben wissen!»

Franziska musterte Debora abwägend. Dann trollte sie sich wieder zu ihrem Sessel und warf sich hinein. Gedankenversunken spielte sie mit dem Kaugummipapier, rollte es zu einem Kügelchen und schnippte es in hohem Bogen durch die Luft.

«Das ist eben noch nicht alles», murmelte sie nach einer Weile. «Ich kann's aufs Blut nicht ausstehen, wenn Suila immer bevorzugt wird. Klar ist die in der Schule besser als ich – aber dauernd quäkt die Lehrerin, die hätte es als Ausländerin schon schwer genug und so. Und ich? Hab ich's etwa nicht schwer, Mann, ey?»

Da war schon was dran, dachte Debora. Sie hätte jedenfalls nicht tauschen wollen mit dem Mädchen, das den ganzen Tag sich selbst überlassen war.

«Überhaupt läuft doch alles völlig daneben», sagte Franziska. «Das Leben ist eh 'n Witz, weißt du. Meine Eltern sind ja nicht umsonst nie zu Hause. Sie mögen mich nicht, deshalb machen sie 'nen großen Bogen um mich. Ich bin ihnen im Weg.» Trotzig kaute sie auf ihrem Gummi herum. «Ich bin nun mal kein Junge – dann hätte mein Vater mich lieber. Er hat sich immer einen Jungen gewünscht ... Das hat er mir jedenfalls immer wieder gesagt.»

Betroffen blickte Debora sie an.

Doch Franziska machte eine wegwerfende Bewegung. «Ach was, vergiss es! Spielt eh keine Rolle.» Sie beugte sich ein wenig vor und spuckte den Kaugummi auf den Boden. «Übrigens – du solltest das Gerede von Mirko nicht so ernst nehmen. Das macht der mit jedem Mädchen wie mit dir.»

«Was denn?» fröstelte Debora. «Wie meinst du das?»

«Na, um den Finger wickeln und so. Aber sobald eine Neue in der Bande ist, verliert er sein Interesse an ihr. Für ihn ist es nur ein Kick, ein Mädchen zur Mutprobe zu bewegen – etwas Verbotenes zu tun, das es sonst nie machen würde. Damit spielt er sich dann bei seinen ganzen Kumpels auf und protzt herum, er habe wieder eine Tussi mehr in seiner Sammlung und so.»

Das war ein harter Schlag für Debora. Nur mühsam konnte sie die Tränen zurückhalten. Doch sie wollte auf keinen Fall, dass Franziska etwas von ihrer Enttäuschung bemerkte. «Ach ja?» versetzte sie obenhin, aber es klang nicht sehr überzeugend.

Da wurde die Tür aufgestoßen. Die Banfits kamen zurück.

«Und?» fragte Franziska mit scharfer Stimme. Schlagartig war sie wieder der coole Boss wie gewohnt.

«Nichts, Franz. Wir haben niemand gefunden.» Mirko schüttelte argwöhnisch den Kopf. «Ich könnte krass schwören, dass da jemand war.»

«Das Gefühl hatte ich auch ... Aber egal. Jetzt hört euch mal meinen Plan für morgen an.»

Die Bandenmitglieder hockten sich im Halbkreis vor ihr auf die Betonfläche. Das Gemurmel verstummte.

«Ich hab aufgeschnappt, dass die Schuhfabrik die alten Gebäude hier abreißen will», eröffnete sie. «Ihr wisst, was das bedeutet. Dann haben wir kein Versteck mehr! Das lassen wir uns natürlich nicht gefallen! Wenn die Typen uns schon alles vermiesen, zahlen wir's ihnen wenigstens deftig heim. Und ich weiß auch schon wie.»

Sie sah sich vorsichtig um und winkte die Bande bedeutungsvoll näher. Alle rutschten dicht zu ihr heran.

«Draußen, die Bahnlinie zum Warenlager – da legen wir irgendwas auf die Schienen, damit der Güterzug reinkräscht!»

Beeindruckt schauten die Banfits sie an, während Debora in der Magengegend ein extrem flaues Gefühl verspürte.

«Yo!» rief Mirko begeistert. «Die großen Metallplatten hinterm Haus – damit müsste es klappen!»

«Genau, Mick! Das wird super! Und du, Debora, du kannst mit deinem Gips ja nicht gut mithelfen. Aber du wirst den Aufpasser spielen. Wenn einer kommt, täuschst du einfach 'nen Schwächeanfall vor und lässt dich mit den Krücken hinfallen! Auf die Show fällt bestimmt jeder rein! Und bis man sich dann fertig um dich gekümmert hat, sind wir längst über alle Berge.»

Debora schnürte es immer mehr den Hals zu. Diese Sache ging ihr endgültig zu weit. Alle Banfits starrten sie an, und sie musste ihren ganzen Mut zusammennehmen, um etwas zu entgegnen. «Hör mal – ich ... ich hab nicht vor, jetzt dauernd verbotenes Zeug zu tun, bloß weil ich in der Bande bin. Die Mutprobe – okay ... Aber morgen ...» Sie schüttelte den Kopf.

«Klar wirst du mitmachen!» fuhr Mirko sie an. «Bei dem Ding macht die ganze Bande mit – wie immer! Auch die Tussis!»

Das verschlug Debora glatt die Sprache.

«Aber logo», doppelte der Boss nach. «So was lässt

sich niemand entgehen! Und du musst dabei ja fast nichts tun, Debora. Nur eins: Nimm morgen ein Fernglas mit, damit du 'ne gute Übersicht übers Gelände hast. Um zwei Uhr geht's los.»

Debora war nach wie vor fest entschlossen zu passen. Doch hier für ihre Entscheidung einzustehen kostete sie mehr Mut als die Sprayaktion an der Bushaltestelle. Ihr Gesicht lief purpurrot an. «Mit der Lok könnte was passieren ... Stellt euch vor, wenn der Lokführer dabei verletzt wird!»

«Was soll schon passieren», wiegelte Ergün ab. «Der Zug fährt ja nur langsam, weil das 'ne Nebenstrecke ist.»

«Trotzdem ...»

«Ey, Kindchen!» Mirko blickte sie von oben herab an. «Ein kleiner Kick kann nie schaden, Mann!»

«Das sind doch bloß leere Waggons, die Schuhkartons in der Fabrik abholen», beruhigte Ergün. «Kein Risiko für was wirklich Schlimmes. Brennen oder explodieren könnte es nur, wenn gefährliche entflammbare Güter an Bord wären.»

«Ich will aber trotzdem nicht ... Und ich finde, ihr solltet es auch bleiben lassen. Es ist viel zu gefährlich.»

«Na, dann tut's mir leid.» Franziska richtete einen durchdringenden Blick auf sie. «Denk an dein Schweige-Gelübde. Du hast geschworen, keinem was von uns und unseren Plänen zu erzählen.»

«Und wenn du morgen nicht mitmachst», fügte Mirko hinzu, «ist das dein Pech. Ich möchte konkret nicht in deiner Haut stecken, wenn deine Eltern erfahren, dass du das Wartehäuschen voll gesprayt und die Scheibe eingeschlagen hast! Die würden bestimmt voll krass ausflippen!»

Wie vom Donner gerührt starrte Debora ihn an. «Das würdest du tun?»

«Aber sicher, Schätzchen!» grinste er. «Was ist – kommst du nachher noch mit auf 'nen Sprung in die Eisdiele, ey?»

Die Dorfstraße verschwamm vor Deboras Augen. Nachdem sie sich auf dem Heimweg vergewissert hatte, dass niemand sie beobachtete, strömten ihr die Tränen unaufhaltsam über die Wangen. «Ich könnte mich ohrfeigen», dachte sie verzweifelt. «Musste ich denn unbedingt auf diesen Typen hereinfallen? Ausgerechnet ich?»

Und was nun? Sie hatte keine Ahnung. Ihren Eltern und Geschwistern zu erzählen, was sie bei der Bushaltestelle angestellt hatte, kam für sie nicht in Frage. Aber bei der Aktion der Bande mitzuhelfen auch nicht.

Ihr war schon klar: Am besten wäre es, sie würde alles zugeben. Aber das brächte sie nie über sich. Nie im Leben. Doch was sollte sie denn sonst tun? Sie war in einer Situation, in der es nur schlechte Möglichkeiten gab und keinen einzigen guten Ausweg. Müsste sie nun morgen tatsächlich etwas machen, gegen das sich jede Faser in ihr sträubte?

Nicht nur ihrer nassen Augen wegen zerfloss alles in einem brausenden Durcheinander. Sie konnte keinen klaren Gedanken mehr fassen, weil ihr dauernd Mirko einfiel. Mirko, und wie völlig daneben er sich ihr gegenüber benommen hatte.

Sie war in ihn verliebt gewesen, das konnte sie sich nun eingestehen. Verliebt in einen Jungen, der sie bloß für seine Spielchen ausgenutzt hatte. Wie konnte sie sich nur so täuschen? Wie war es möglich, sich derart in einem Menschen zu täuschen? Sie wusste es nicht.

Sie hinkte beinahe blind vorwärts und hatte keine Ahnung, wie sie ihren Hals doch noch aus der Schlinge ziehen könnte. Keine Ahnung, wie sie über ihre enttäuschte Liebe hinwegkommen sollte. Und keine Ahnung, ob sie morgen etwas absolut Verbotenes tun müsste, nur um damit zu verstecken, dass sie bereits etwas Verbotenes getan hatte.

Sie wusste es nicht. Sie wusste überhaupt nichts mehr.

Nächtliche Entscheidung

16

Auf dem Kaminski-Hof war die ganze Familie zum Abendbrot versammelt. Alle gaben sich die Hände, um gemeinsam das Tischlied anzustimmen: «Für Speis und Trank, fürs täglich' Brot, wir danken dir, o Gott.» Dabei sangen die drei Kids nur halblaut mit – Simon und Raffi wälzten ihre Sorge, wie sie den beklemmenden Einbruchsverdacht loswerden könnten. Und Debora, die sich mühsam die Spuren ihrer Tränen aus dem Gesicht gewischt hatte, kämpfte ständig gegen neue an.

«Heute gibt's bei uns dasselbe wie bei Loko und Suila daheim», verkündete Mutter. «Ich hab nämlich die doppelte Menge gekocht und eine Hälfte Frau Gülgün gebracht. Dabei hab ich ihr auch angeboten, so lange zu kommen, bis sie wieder gesund ist.»

«Find ich super.» Vater begann zu essen, während Mutter Opas Portion Gemüse-Lasagne in mundgerechte Happen zerkleinerte. «Frau Gülgün hat sich sehr gefreut über die Hilfe – und besonders darüber, dass wir uns nicht auch noch von ihnen abgewendet haben wie alle anderen.»

Opa nickte anerkennend. Doch da spürte er plötzlich ein sonderbares Zupfen an seinem Pantoffel. «He, was ist denn da los?»

Als die Kids unter den Tisch schauten, sahen sie, wie zwei Hündchen an Opas Hausschuh zogen. Ronnie und Herr Müller stemmten ihre niedlichen Beinchen gegen den Fußboden und versuchten den Pantoffel wegzuzerren, doch sie schafften es nicht.

«Jetzt aber raus mit euch!» schmunzelte Vater und scheuchte die Welpen aus dem Raum. «Lange sind die Störenfriede ja nicht mehr hier. Drei sind vergeben – die Käufer werden sie nächste Woche abholen.»

«Und was geschieht mit dem vierten Hündchen?» wollte Simon wissen.

«Mit Herrn Müller?» Vater setzte sich wieder hin. «Das ist noch unklar ...»

«Ihr werdet ihm doch nichts antun, oder?» fragte Raffi bange. «Wie damals Herr Pollmeier, als er Zwockel erschießen wollte, weil er keinen Käufer für ihn fand.»

«So weit ist es jetzt noch nicht», wich Vater aus. «Wir werden sehen ...»

Gedanklich in einer ganz anderen Welt, zog Debora sich einen leeren Stuhl heran und legte ihren Fuß hoch.

Dabei fiel Mutters Blick auf den Gips mit dem Banfits-Schriftzug. «Was ist denn das für ein Zeichen da?»

«Was soll's schon sein.» Mehr war aus Debora nicht herauszubekommen.

Simon war das Zeichen auch aufgefallen – er kannte es von Mauern in der Gegend der Schule her. Und seit den Beobachtungen im Bandenversteck wusste er auch, zu wem das Symbol gehörte. Für ihn war klar, dass er nach dem Essen mit Debora sprechen musste. Er wollte unbedingt wissen, was sie an der Bushaltestelle wirklich getan hatte und was die Banfits für morgen planten.

Besorgt stand Frau Kaminski auf und trat zu Debora. «Du bist so still in letzter Zeit. Bedrückt dich irgendwas? Du weißt, dass du jederzeit zu uns kommen kannst – auch abends, auch wenn wir im Büro sind. Ja?» Sie versuchte sie zu umarmen.

Doch Debora entzog sich ihr. Sie fand das Angebot zwar schön, aber Mutters fürsorglicher Ton machte sie ganz allergisch. «Ihr habt ja keine Ahnung! So was würdet ihr nie verstehen.»

Ratlos nahm Mutter wieder Platz. Vater spürte natürlich auch, dass Debora etwas zu schaffen machte. «Hör mal, wenn irgendwas vorgefallen ist ... auch wenn's was Schlimmes ist ... du kannst es uns trotzdem erzählen.»

Aber Debora blieb stumm. Und Raffi verstand sie. Die Wartehäuschen-Geschichte zu beichten wäre bestimmt ganz schön schwierig. Da konnte die Kleine gut mitfühlen – denn auch ihre eigene bedrohliche Lage belastete sie immer mehr. Was würde geschehen, wenn alle erfuhren, dass sie und Simon unter polizeilichem Verdacht standen? Sie schluckte leer.

Mutter lächelte Debora behutsam an. «Es gibt wirklich nichts, das man nicht verzeihen könnte ...»

«Aber», schaltete Simon sich ein, «wenn man was getan hat, das jemand mega wütend macht – ich meine, echt mega wütend, was dann?»

Erschrocken sah Debora weg.

«Stimmt schon», gab Herr Kaminski zu. «Manchmal muss man sich ganz schön beherrschen, um vergeben zu können!»

Mutter nickte. «Verzeihen ist eben keine Sache des Gefühls. Die Gefühle wollen in dem Moment, wo man wütend ist, bestimmt nicht vergeben, ganz im Gegenteil!

Aber wenn man's trotzdem tut, wenn man den Entscheid ganz bewusst im Kopf trifft und sich dann auch wirklich dazu überwindet, folgen später die Gefühle nach.»

«Genau», sagte Vater. «Dadurch wird eine Art Schleuse geöffnet – in einem selbst und in dem anderen auch. So können beide einen neuen Anfang machen. Und dann werden auch die Gefühle wieder gut.»

«Ein wahres Wort!» Opa wischte sich mit der Serviette über den Mund. «Aber eines ist dabei ganz wichtig: Wenn man verzeiht, darf man die Sache nie mehr hervorkramen und nicht schon bei nächster Gelegenheit der Person wieder anlasten! Das ist auch bei Gott so – vergeben ist vergeben. Er verzeiht alles, wenn man ihn darum bittet, und holt es nie wieder hervor, sei's auch was noch so Schlimmes.»

Wortlos starrte Debora auf ihren fast vollen Teller. Sie war nahe dran, nun doch endlich auszupacken. Aber sie brachte es nicht über sich. Nicht jetzt.

Schließlich wurde ihr der Druck zu groß. Sie stand auf und humpelte wortlos aus dem Raum.

Im Esszimmer blieb eine betroffene Familie zurück.

«Manche Dinge kann man den Kindern nicht abnehmen», murmelte Vater in die angespannte Stille hinein. «Auch wenn man's noch so gerne möchte ...»

Nach dem Geschirrspülen stiegen Raffi und Simon ins Obergeschoss hoch. Sie wollten jetzt zu ihrer

Schwester, doch die hatte sich im Mädchenzimmer eingeschlossen.

Raffi klopfte sachte an die Tür. «Debora, wir sind's!»

«Was ist denn?»

«Wir möchten mit dir sprechen ...»

«Ich will aber nicht.»

«Doch, mach bitte auf, es ist dringend!»

Die Kids warteten eine Weile. Nicht das geringste Geräusch drang heraus.

Da legte Simon den Mund ans Türholz und raunte leise: «Was war heute am Bus-Wartehäuschen los?»

Auf der Stelle begannen die Fußbodenbretter zu knarzen. Debora öffnete und sah ihn bestürzt an. «Was hast du gesagt?»

Rasch traten die beiden an ihr vorbei ins Zimmer und sperrten hinter sich gleich wieder zu. «Wir waren in eurem Bandenversteck und haben alles mitgekriegt ...»

«Ach, ihr wart das!» Bleich stakste sie zu ihrem Stuhl und setzte sich, während die beiden andern Kids sich auf Raffis Bett fallen ließen.

Durchs Fenster fiel der rötliche Schein der Abenddämmerung ins Zimmer. Im Zwielicht sagte Debora: «Ich hab die Scheibe gar nicht eingeschlagen, das müsst ihr mir glauben! Es stimmt, dass ich gesprayt habe. Aber jetzt denken alle, ich hätte auch das Glas eingesmäscht!»

«Da haben wir ja fast das gleiche Problem», murmelte Raffi. «Bei uns denken alle, wir seien in den Hausmeisterkeller eingebrochen!»

Erschrocken schaute Debora hoch. «Was? Warum denn das?»

«Das ist eine lange Geschichte ...»

«Aber ihr – ihr glaubt mir doch, dass ich nichts mit der kaputten Scheibe zu tun habe, oder ...?»

«Klar, wenn du's sagst!» Simon nickte ihr aufmunternd zu. «Hör mal – ich denke, wir haben beide eine Chance, aus unseren Schwierigkeiten rauszukommen. Aber nur, wenn wir zusammenhalten. Jetzt wird's wirklich ernst! Wir helfen dir, und du hilfst uns, okay?»

«Wenn ich kann ...»

«Weißt du, wir sind ziemlich sicher, dass die Bande den Kellereinbruch begangen hat. Der geklaute Schaumwein ist jedenfalls in ihrem Versteck, und Franziska hat auch was davon erzählt, sie hätten Suila eins ausgewischt. Damit kann sie doch kaum was anderes gemeint haben.» Er kratzte sich am Kopf. «Wenn's uns morgen gelingen würde, die Banfits auf frischer Tat zu ertappen, wärst du danach den Verdacht von wegen Wartehäuschen-Scheibe los – und wir den Verdacht wegen des Einbruchs. Doch dazu müssten wir unbedingt wissen, was die Bande für einen Plan hat. Hast du's mitbekommen, Debora, nachdem wir weg waren?»

«Nein ... Ja ...» Verlegen wand sie sich. «Weil – ich darf's nicht sagen ... Ich hab ein Schweige-Gelübde abgelegt.»

«Aber ...»

«Ich möchte schon, versteh doch! Aber ich kann wirklich nicht!»

«Denk doch an Suila», bat Raffi verzweifelt. «Wenn sie und Loko aus dem Land gewiesen werden ...»

Das versetzte Debora einen Stich. Wie hatte sie ihre beste Freundin bloß so hängen lassen können? Plötzlich war sie wachgerüttelt, und sie begann innerlich mit sich zu ringen. Was galt nun mehr: ein Gelöbnis gegenüber Leuten, die sie zu etwas drängten, das sie auf gar keinen Fall wollte, oder die Hilfe für Freunde in Not, die immer zu ihr gehalten hatten? Und was, wenn sie deswegen einen Schwur brechen müsste? Sie erinnerte sich an einen Rat, den Opa ihr einmal gegeben hatte: Wenn man unter Zwang etwas versprochen hat, ist es nicht verboten, dies jemandem anzuvertrauen, sondern im Gegenteil sogar gut ...

Debora fasste einen Entschluss. «Die Banfits ...», murmelte sie leise, «sie ... sie wollen irgendwelche Metallplatten aufs Bahngleis legen, damit der Güterzug reinknallt.»

«Was?» Geschockt starrten die Kids sie an. «Wissen die denn, was da alles passieren könnte?»

Kraftlos hob Debora die Schultern. «Hab ich ihnen auch gesagt, aber es hat nichts genutzt.»

«Das ist doch viel zu gefährlich! Wie können wir das bloß verhindern?» Simon stand plötzlich wie unter Strom. «Allein schaffen wir's nicht. Die Banfits sind in der Überzahl, da hätten wir keine Chance.»

Für Raffi war der Fall klar: «Wir müssen die Polizei holen!»

«Geht nicht», wandte Debora ein. «Erstens käme dann raus, dass ich am Bushäuschen gesprayt hab, und zweitens würden die Banfits garantiert behaupten, ich hätte auch die Scheibe eingeschlagen!»

«Hat dich denn an der Haltestelle niemand gesehen?»

«Nein», antwortete Debora. Doch da fiel ihr die junge Frau ein, die ihr das Flugblatt für den Jugendtreff gegeben hatte. «Warte, da war doch jemand.» Sie kramte das zerknitterte grüne Papier aus der Hosentasche und zeigte es ihren Geschwistern.

«Planet7», las Simon aufgeregt. *«Einladung zum Sprayer-Workshop.* Was ist denn das?»

«Petra ist die Leiterin. Sie hat mich nicht verpfiffen, obwohl sie wusste, dass ich gesprayt hab. Da unten steht ihre Telefonnummer drauf.»

«Dann ruf die doch an! Vertraust du ihr?»

Debora blickte zum Fenster hinaus, während sie darüber nachdachte. Draußen war der Himmel inzwischen ganz dunkel geworden. Nur der milchige Schein des Mondes erhellte silbern das Zimmer. «Ich glaub schon ...»

«Also los!» Raffis Wangen glühten. «Vielleicht hilft sie uns!»

«Soll ich wirklich?» Zögernd nahm Debora ihr Handy hervor. Doch dann gab sie sich einen Ruck und wählte in einem Zug die Nummer, bevor sie sich's noch mal anders überlegen würde.

Nach dem dritten Rufton meldete sich Petra.

«Hier ist Debora! Sie, äh ... du hast mir beim Bus-Wartehäuschen den Handzettel gegeben.»

«Ach, du bist's! Schön, dass du anrufst, Debora!»

«Ja, weil ... ich hab'n Problem.»

«Was ist denn los?»

«Es ist so ...»

Im schummrigen Zimmer waren nur noch die Umrisse der Möbel zu erkennen. Angespannt hörten Simon und Raffi zu, wie Debora ins Handy sprach. «Morgen Mittag um zwei wird hinter der alten Fabrik was passieren – was ziemlich Schlimmes. Du musst unbedingt hinkommen!»

«Worum handelt es sich denn?» wollte Petra wissen. «Reicht es, wenn ich da auftauche – ich meine, kann ich dir da wirklich helfen?»

«Ja, ganz bestimmt! Wirst du kommen?»

Einige Sekunden blieb die Leitung still. «Okay», sagte Petra dann. «Wo sollen wir uns treffen?»

«Am besten gleich schräg gegenüber vor den Wohnblöcken.»

«In Ordnung.»

«Gut, also dann bis morgen um zwei ...»

«Okay, ich werd da sein. Tschüss.»

Debora klappte das Handy zu. «Sie kommt!»

«Super!» Aufgedreht beugte Raffi sich zu ihrem Nachttisch vor und knipste die Lampe an. Obwohl diese nur warmes gelbes Licht verströmte, blinzelten alle drei Kids in der unerwarteten Helligkeit.

«Am besten, wir nehmen morgen Zwockel mit», schlug Simon vor. «Man kann nie wissen bei so was Gefährlichem. Opa wird bestimmt nach den Welpen schauen, bis Zwockel wieder zurück ist.»

«Und Suila muss ihre Stute mitbringen», ergänzte Debora. «Das könnte unter Umständen ganz wichtig sein!»

«Mann o Mann!» Raffi war schon ganz zappelig. «Ich krieg diese Nacht bestimmt kein Auge zu vor lauter Herzklopfen!»

Explosiv

17

Als der entscheidende Moment am nächsten Tag näher rückte, trafen sich die drei Kaminski-Kids mit Suila und Loko bei der Wohnsiedlung. Sofort machte sich Suila auf den Weg, um ihr Pferd zu holen. Die anderen verzogen sich hinter den Block und beobachteten von da aus das Industriegelände gegenüber. Dort trudelten nach und nach die Banfits auf dem Gehsteig ein.

«Also, machen wir's wie vereinbart?» Simon schaute Debora fragend an. «Du spielst zum Schein mit, damit die Banfits keinen Verdacht schöpfen – okay?»

Debora war so nervös, dass sie einen vollkommen trockenen Mund hatte. Sie nickte stumm und stakste mit ihrem umgehängten Fernglas los. Während sie in der flirrenden Luft die Fahrbahn überquerte, brütete sie darüber nach, was die Banfits wohl mit ihr anstellen würden, wenn sie herauskriegten, dass sie das Schweige-Gelübde gebrochen hatte ...

Drüben warteten Franziska und Mirko ungeduldig auf sie und begrüßten sie mit einem Schulterklopfen. Dann verschwand die ganze Bande hinter der Mauerumfriedung.

Keine Minute später röhrte ein verbeulter Mini die Straße hoch und eine junge Frau mit kurzem schwarzem Haar kletterte heraus.

Die Kids gingen auf sie zu. «Sie sind bestimmt Petra, oder?»

«Ja.» Sie sah sich suchend um. «Und wo ist Debora?»

«Wir führen Sie zu ihr. Kommen Sie!»

Zögernd folgte Petra ihnen über die Fahrbahn, und Zwockel tippelte aufgeregt nebenher. Anfänglich hatte er sich heftig gesträubt, seine Jungen zu verlassen, doch nun wedelte er freudig mit dem Schwanz – endlich konnte der Collie wieder mal dabei sein, wenn's losging!

Beim Eingang des stillgelegten Geländes linste Loko vorsichtig um die Mauerecke. Auf dem überwucherten Grundstück war niemand auszumachen.

Mit Petra im Schlepptau huschten die Kids durch das Unkraut um das alte Werk herum und kauerten sich hinter die Brombeerbüsche bei der Bahnlinie. Von hier hatten sie einen guten Überblick über den ganzen Vorplatz, ohne von den Banfits entdeckt zu werden. Und sie wären nahe genug dran, um Gespräche verstehen zu können.

«Da ist Debora!» Simon zeigte durch das dichte Gestrüpp in die Richtung seiner Schwester, die eben auf eine Anhöhe humpelte. «Sehen Sie?»

Petra spähte hinüber. «Stimmt, da ist sie.»

«Der Einbruch im Hausmeisterkeller», flüsterte Loko ihr zu, «das waren nicht wir! Glauben Sie mir!»

«Was für ein Einbruch? Ihr könnt übrigens du zu mir sagen, okay?»

«Und jetzt hat die Bande noch was viel Gröberes vor!» warf Raffi ein.

«Ach ja?» Beunruhigt schaute Petra sie an. «Was geht hier eigentlich ab? Wenn's was Übles ist, kann ich nicht einfach zusehen, ohne was zu unternehmen!»

«Sie wollen ...» begann Raffi, doch Loko unterbrach sie: «Pssst!»

Denn in diesem Augenblick traten die Banfits aus der heruntergekommenen Halle. Franziska hatte sogar ihren violetten Mantel abgelegt – in der sengenden Mittagshitze war's wohl selbst ihr zu heiß darin. Mirko blieb auf dem Vorplatz stehen und musterte wachsam die Umgebung.

Im Versteck hielt Simon Zwockel am Halsband, damit der Collie sich nicht von der Stelle rührte. Angespannt beobachteten Petra und die Kids, wie sechs Banfits vor dem Altbau eine breite Metallplatte hochhoben und sie in Richtung Schienenstrang schleppten, während Franziska und Mirko nebenherschlenderten.

«Krass schwer, das Teil!» ächzte Ergün, und auch die anderen Banfits murrten stöhnend.

«Jetzt tut mal nicht so», grinste Mirko. «Neulich im Keller habt ihr auch kein Problem gehabt beim Wegtragen der Weinkisten, ey!»

«Genau, Mann!» schmunzelte Franziska. «Ich krieg mich noch immer nicht ein, wenn ich dran denke! Ihr haut auf mein kleines SMS hin die ganze Kellereinrichtung zusammen, während ich selber voll unauffällig im Krankenhaus lieg! Ha, ha!»

Hinter dem Buschwerk tippte Loko die Jugendleiterin feurig an. «Siehst du!» wisperte er. «Die waren's, nicht wir! Du hast es gehört!»

Petra nickte. «Mhm, ich hab's gehört. Aber was haben die jetzt vor?»

Die schuftenden Banfits waren inzwischen nur noch wenige Meter von den Geleisen entfernt.

Plötzlich murmelte Petra erschrocken: «Die wollen doch nicht etwa ...»

Debora sah von der Anhöhe aus, wie die Metallplatte quer über die Schienen gelegt wurde. Sie hob das Fernglas an die Augen und folgte damit der Bahnlinie. Da blieb ihr fast das Herz stehen. Weit entfernt tauchte eine Güterlok auf, doch sie zog keine üblichen Waggons mit, um Schuhkartons abzuholen – sondern zwei Tankwagen mit Esso-Zeichen drauf! Sofort fiel Debora ein, was der Junge über gefährliche entflammbare Ladungen gesagt hatte, und sie kriegte eine Höllenangst, dass sich hier eine furchtbare Explosions-Katastrophe anbahnte.

«Hey!» schrie sie zu den Banfits hinab. «Der Zug bringt Öl oder so was! Macht das Metallding wieder weg!» Hastig stakste sie von ihrem Aussichtspunkt zu den Gleisen los.

Unten sprangen Petra und die Kids hinter den Büschen hervor. Gleichzeitig trabte Suila mit ihrem Pferd um die verwitterte Halle herum auf den Vorplatz.

Die Banfits glotzten sich entgeistert an. Sie konnten kaum fassen, dass da plötzlich Leute auf ihrem Gelände waren.

«Weg hier!» brüllte Mirko.

Die ganze Bande stürmte Hals über Kopf davon.

«Suila! Schnell!» rief Debora. «Reite dem Zug entgegen, um den Lokführer zu warnen!»

Ohne zu zögern versetzte Suila ihre Stute in gestreckten Galopp und stob auf dem Fußweg der Bahnlinie entlang davon.

Petra und die Kids versuchten, die Metallplatte hochzuheben. Aber die war extrem schwer. «Schiebt!» keuchte Simon. «Wir müssen von einer Seite schieben und von der anderen ziehen!»

Dann überstürzten sich die Ereignisse. Dennoch erschien es jedem, als ginge alles nur noch in Zeitlupe vorwärts.

Atemlos kletterte Debora an den Büschen vorbei und humpelte auf die Kids zu, um ihnen beim Schieben zu helfen. Doch plötzlich blieb ihr Krückstock im Schotter hängen. Sie fiel hin und schlug mit dem Kopf hart auf einer Schiene auf.

Kurz bevor die weglaufende Franziska den Geländeausgang erreichte, blickte sie sich noch einmal um. Da sah sie Debora bewegungslos auf den Gleisen liegen. Was war bloß mit ihr los? «Debora!» schrie sie. «Deeeeeboraaa!»

Doch Debora rührte sich nicht. Ein Stück weit von ihr entfernt kümmerten sich die Kids fieberhaft um die Eisenplatte, und Suila war auch nicht da, um ihrer Freundin zu helfen. Schreckliche Bilder schossen Franziska durch den Kopf: Wenn Debora vom Zug überfahren würde, und das noch dazu durch ihre Schuld – das könnte sie nicht aushalten ...

«Hey, Leute!» rief sie den Banfits zu, die bereits vorne bei der Straße waren. «Kommt zurück!»

Sie hielten an. «Ich bin konkret nicht plemplem!» antwortete Mirko. «Will doch nicht erwischt werden!»

Franziska starrte ihm durchdringend in die Augen. «Nun mach schon, Mann!»

«Vergiss es! Komm, Franz, wir hauen ab!»

Abwartend und zögernd linsten die Banfits von ihm zu ihr. Als Mirko eine abweisende Handbewegung machte, sich umdrehte und davonrannte, wetzten sie ihm alle hinterher.

Franziska wäre am liebsten ebenfalls getürmt. Aber ihre Freundin lag noch immer reglos auf den Gleisen. Hin und her gerissen blickte sie an der Bahnlinie entlang und erkannte in der Ferne, dass Suila mit dem Pferd eben beim herannahenden Zug eintraf.

Mit wehendem Haar versuchte Suila, die Stute zu wenden, um in der Fahrtrichtung neben dem Güterzug herreiten zu können. Doch Lucy scheute vor der lauten Maschine und wollte ausbrechen.

Suila beugte sich vor und redete dem Pferd beruhigend ins Ohr. Da Lucy eine außergewöhnlich besonnene und gehorsame Stute war, schaffte Suila es schließlich, sie auf Kurs zu bringen.

Im Galopp näherte sie sich dem Führerstand. Als Suila auf gleicher Höhe war, stellte sie zu ihrer großen Erleichterung fest, dass das Seitenfenster heruntergelassen war.

Geschickt lenkte sie das Pferd so nahe wie möglich an die offene Scheibe heran. «Anhalten!» schrie sie in den fahrenden Triebwagen hinein. «Aaanhaaalten!»

Der Lokführer konnte im Maschinenlärm kein Wort verstehen. Mit zusammengekniffenen Augen spähte er sie fragend an.

«Stoooopp!» brüllte Suila aus Leibeskräften. «Stooooppen!»

Bedauernd hob der Lokführer die Schultern und schüttelte den Kopf. In dem Gedröhn war nichts zu verstehen. Doch Suilas ernster Gesichtsausdruck ließ ihn irgendwie stutzig werden. Er erhöhte seine Aufmerksamkeit. Nur für alle Fälle.

Der Zug legte sich in die Kurve vor einem Hügel, der die Sicht auf die Gegend dahinter vollkommen versperrte ...

Ohnmacht

18

Aus der Ferne erkannte Franziska, dass Suila die Lok nicht zum Anhalten bringen konnte. Als der Zug mit unverminderter Geschwindigkeit hinter dem Hügel verschwand, begann ihr Pulsschlag zu rasen.

Kurz entschlossen hastete sie zum Bahndamm, während die Kids noch immer versuchten, die Metallplatte von den Schienen zu wälzen. Doch sie schafften es nur Stückchen für Stückchen.

Keuchend beugte sich Franziska über Debora. Die atmete zwar noch, schien aber bewusstlos zu sein. Franziska hob den reglosen Körper hoch und trug ihn von den Geleisen herunter. Auf der Seite legte sie Debora sachte ins Gras und tätschelte behutsam ihre blassen Wangen, bis sie die Augen öffnete. «Wo ... wo ... was ist los?» murmelte Debora verwirrt.

Rasch holte Franziska noch die Krückstöcke und überlegte, ob sie nun abhauen sollte. Doch nebenan hatten die Kids die verflixte Eisenplatte noch immer nicht von den Geleisen herunterschieben können, und der Güterzug wummerte langsam, aber unaufhaltsam heran.

Benebelt hob Debora den Kopf. Auf dem Bahndamm sah sie ihre Geschwister in durchgeschwitzten T-Shirts schuften, und da fiel ihr die ganze Bedrohung

schlagartig wieder ein: Das gefährliche Hindernis lag noch immer auf den Schienen! Trotz ihrer hämmernden Kopfschmerzen richtete sie sich auf und hinkte mühsam zu den Kids hinüber.

Wie auf Nadeln folgte ihr Franziska. «Wir müssen weg, ey! Die Lok wird gleich um die Kurve biegen!»

Aber Petra und die andern achteten nicht darauf und arbeiteten fieberhaft weiter. Aufgewühlt jagte Zwockel jaulend und bellend um sie herum.

«Wenn das Zeug explodiert, fliegen wir alle zusammen in die Luft!» schrie Franziska. «Jetzt kommt doch endlich!» In ihr stieg eine unvorstellbare Panik auf. Doch da auch Debora nicht ans Türmen dachte, sondern nun ebenfalls an der Metallplatte zu zerren begann, sah Franziska nur noch eine Möglichkeit.

Sie rannte dem Zug entgegen und stellte sich ihm kurz vor der Biegung in den Weg – mitten auf dem Schienenstrang.

Als sich dem Lokführer hinter dem Hügel freie Sicht auf das Gelände bot, stockte ihm der Atem. Auf den Gleisen stand eine Gestalt, die wild ihre Arme schwenkte. Ein Mädchen mit violettem Haar. Es schien ihm etwas zuzurufen, aber da war nicht der Hauch einer Chance, auch nur eine Silbe zu verstehen.

Na also, sein Gefühl hatte ihm doch gleich gesagt, dass hier irgendetwas nicht stimmte, als vorhin diese

Reiterin neben ihm her galoppiert war ... Die wollte ihn warnen!

Sofort leitete er eine Vollbremsung ein.

Die Räder blockierten und rutschten kreischend auf den Schienen weiter.

Machtlos musste der Lokführer durch die fleckige Scheibe mitansehen, wie sein Funken stiebendes Gefährt unaufhaltsam auf das Mädchen zuschlitterte.

Verzweifelt ließ er die Signalpfeife aufschrillen.

Doch das Mädchen sprang nicht zur Seite, sondern schwenkte bloß noch hektischer die Arme.

Er schrillte und schrillte und schrillte. Aber er war sich sicher – es würde nicht reichen. Nie und nimmer. Wenn sie jetzt nicht weghechtete, dann ...

Petra und die Kids kriegten mit Deboras Hilfe endlich die Eisenplatte von den Schienen weg. Das schwere Ding schlitterte den Damm hinab und wirbelte eine Staubwolke auf, als es unten in die vertrocknete Erde prallte.

Aufgeschreckt durch die Signalpfiffe, blickten die Kinder dem Zug entgegen und sahen, wie Franziska sich auf den Gleisen der heranwalzenden Lok in den Weg stellte.

Erst jetzt wich das Mädchen zur Seite. Doch da war es schon zu spät. Franziska stolperte rückwärts und stürzte auf die Bahnlinie.

Scharf gruben sich die Schottersteine in ihren Rücken. Sie wusste sofort, dass es nun um sie geschehen war. Niemals würde sie es schaffen, wieder hochzukommen, bevor der Zug sie erfassen und überfahren würde. Sie schloss die Augen, biss die Zähne zusammen und wartete darauf, im nächsten Moment zermalmt zu werden.

Die Holzplanken unter ihr bebten. Die Schienen dröhnten. Das ohrenbetäubende Bremsquietschen kam immer näher.

Und dann war auf einen Schlag alles still. Eine schwarze Leere hüllte Franziska ein. Sie fiel ins Bodenlose. Immer tiefer und tiefer. Bis die Schwärze endlos war und schließlich der letzte Lichtschimmer verlöschte.

Durch ihre gepiercte Nase sog Franziska Luft ein, als würde sie aus tiefem Wasser auftauchen. Sie fragte sich, ob sie soeben mitverfolgt hatte, wie sie gestorben war. Denn genau so hatte sie sich den Tod immer vorgestellt – so schwarz und endlos und leer.

Vorsichtig öffnete sie die Augen. Über ihr ragte die riesige Front der Lok in den stahlblauen Himmel.

Benommen setzte sie sich auf.

Ihre Füße reichten bis vor die Stoßfänger der Lokomotive, waren aber wie durch ein Wunder verschont geblieben.

Erst jetzt erfasste sie, wie knapp sie einem schrecklichen Unglück entgangen war.

Über ihr wurde die Tür aufgeworfen. Schreckensbleich kletterte der Lokführer die Eisentritte herab. «Bist du verletzt? Brauchst du einen Arzt?»

«Ich glaub, ich bin okay», antwortete sie verhalten.

In diesem Augenblick hasteten Petra und die Kids heran und betrachteten Franziska besorgt, ob ihr etwas passiert sei. Neugierig schnupperte Zwockel an ihrem aschfahlen Gesicht. Während er ihr die Wange leckte, näherte sich auf dem Fußweg das Hufgetrappel von Suilas Stute.

Der Lokführer half Franziska hoch und musterte sie von Kopf bis Fuß. «Ist dir eigentlich klar, was für ein unwahrscheinliches Glück du gehabt hast?» Er ahnte nicht, in welcher Gefahr er selbst geschwebt hatte, weil er ja von der Metallplatte auf den Schienen gar nichts wusste. Nun wurde er fast wütend. «An der Bahnlinie darf man nicht spielen! Wann begreift man das endlich?!»

«Werden wir nie mehr tun», seufzte Simon auf. «Das können Sie uns glauben!»

«Ein Glück, dass die Geschwindigkeit hier begrenzt ist.» Eindringlich blickte der Lokführer Franziska an. «Auf offener Strecke hättest du keine Chance gehabt! Ihr Kinder glaubt immer, ein Zug könne so schnell bremsen wie ein Auto. Das stimmt aber nicht! Der Zug braucht viel länger, weil er schwerer ist!» Ihm saß noch immer der Schock im Nacken. «Mann, du hättest glatt tot sein können!»

Das wurde Franziska nun auch mit voller Wucht bewusst. Sie bekam butterweiche Knie und musste sich auf die ausgetrocknete Erde setzen.

«Ganz ruhig durchatmen», redete Petra ihr gut zu. «Am besten holt dir jemand was zu trinken – ich glaub, du kannst 'n Schluck kühles Wasser vertragen.»

«Wenn ich euch noch ein einziges Mal in der Nähe erwische, benachrichtige ich die Fabrikleitung!» Der Lokführer kletterte die Tritte zum Einstieg hinauf.

Franziska schaute zu ihm hoch. «Danke», sagte sie heiser. «Ich ...»

Über sein Gesicht huschte ein Lächeln. «Mann o Mann!» murmelte er kopfschüttelnd und zog die Tür zu. Mit einem Ruck setzten sich die Räder in Bewegung. Der Zug rollte langsam los.

«Ich glaub's einfach nicht», stöhnte Petra. «Ich glaub das alles einfach nicht ...»

«Das war mega knapp!» Erleichtert stieß Raffi Luft aus, und Loko wischte sich über die klitschnasse Stirn.

Neben ihnen blieb Suilas Stute schnaubend stehen. Das Fell des erhitzten Pferdes schäumte vor Feuchtigkeit.

Erschöpft ließ sich Debora neben Franziska nieder und legte die Krücken zu Boden. «Bist du wieder okay?»

Franziska nickte schwach. «Und wie geht's dir nach deinem Ohnmachtsanfall?»

«Ohnmachtsanfall?» Die Leiterin sah Debora überrascht an.

«Das war kein Ohnmachtsanfall. Ich bin nach dem Sturz bloß'n Moment weggetreten. Aber ich fühl mich völlig in Ordnung.»

«Auch das noch!» Ungläubig verdrehte Petra die Augen. «Wir müssen sofort ins Krankenhaus, um abzuchecken, ob du eine Gehirnerschütterung hast!»

Franziska warf Debora einen schrägen Blick zu. Obwohl der Schreck noch bleiern in ihren Knochen saß, konnten sich die beiden Mädchen ein Schmunzeln nicht verkneifen.

«Ich fahr dich nachher gleich hin», bot Petra an. Dann wandte sie sich an Franziska. «Wir müssen unbedingt über das Vorgefallene reden! Ihr kommt morgen Nachmittag zu mir in den Jugendtreff – du und alle von der Bande. Wenn jemand nicht erscheint, wird das für ihn Folgen haben. Ist das klar?»

Kraftlos nickte Franziska.

«Okay, und ihr anderen kommt dann am besten auch gleich hin.» Die Leiterin stand auf. «Würde einer von euch vielleicht was zu trinken holen für sie?»

«Aber klar», meinte Suila. «Kein Problem.»

Während sie auf ihrer Stute davonritt, blieben die Kids mit Zwockel bei Franziska zurück. Debora nahm ihre Krücken und machte sich mit Petra auf den Weg zu dem eingebeulten Mini, um zur Klinik zu fahren.

Planet 7

19

Tags darauf stiegen die drei Kaminski-Kids mit Loko und Suila die Treppe zum Jugendtreff *Planet 7* hinab, der sich im Untergeschoss eines ziegelroten Mehrzweckgebäudes befand. Über der Gegend tobte ein heftiges Frühsommergewitter. Es goss wie aus Kübeln, und die Kinder beeilten sich, triefend vor Nässe ins Trockene zu kommen.

Sie betraten den schummrigen Keller und staunten als Erstes über die locker gestylte Einrichtung: abgenutzte, aber bequem aussehende Sofas, eine ansehnliche Musikanlage mit turmhohen Boxen, aus denen Hip-Hop-Musik wummerte, und eine Bar mit vielen Getränken. Dort schenkte sich Petra eben eine Tasse Tee ein.

«Hallo!» rief sie. «Wollt ihr auch was trinken?»

«Klar, gerne.»

Sie nahm eine Zweiliterflasche Cola und Gläser und stellte alles auf das Tischchen bei der Sitzgruppe. «Bedient euch!»

Aufseufzend ließen die Kinder sich in die Polster fallen. Der Regen prasselte mit einem gemütlichen Klang gegen die Fensterscheiben, die zum Bürgersteig führten. Wenn draußen jemand vorüberging, waren nur Beine und Schuhe zu sehen.

«Was macht deine Gehirnerschütterung, Debora?» erkundigte sich die Leiterin, während Simon die Gläser füllte.

«War nur eine ganz leichte – ich musste nicht in der Klinik bleiben und durfte gleich wieder nach Hause.»

Da polterte mit einem Knall die Tür auf. Franziska kam herein und klopfte sich das Wasser von ihrem Steinzeit-Mantel. «Ein Schweinewetter ist das heute!» meckerte sie. «Wie auf'm Mond, Mann!» Von ihrem Unfallschock war ihr nicht mehr viel anzumerken.

«Die Garderobe ist da drüben.» Petra zeigte auf ein angekratztes Gestell beim Tischfußballkasten und dem Billardspiel.

Doch Franziska dachte nicht daran, ihre Montur auszuziehen. Feucht vermummt fläzte sie sich in einen Polstersessel, genau wie sie's von ihrem Bandenversteck her gewohnt war. «Coolen Sound habt ihr hier. Was ist das für 'ne Gruppe?»

«Wo bleibt der Rest der Banfits?» fragte Petra.

«Die haben keinen Bock herzukommen.»

«Was soll das heißen? Ist das nur 'n cooler Spruch von denen, oder wie ernst meinen die das?»

«Konkret ernst, weißt du.» Franziska hatte im Gegensatz zu den Kids keine Mühe, die Jugendtreffleiterin zu duzen. «Mirko und die anderen sagen, sie würden nicht mal hier auftauchen, wenn man sie deswegen umbringt.»

Petra biss sich auf die Lippe. «Dann hab ich keine andere Wahl, als die Sache der Polizei zu melden. Ich weiß, wie das läuft – ich hab das alles schon 'n paar Mal in der Stadt erlebt, wo ich vorher gearbeitet habe. Aber ich tu's nicht gern, glaubt mir.»

Sie rutschte zur Sesselkante vor. «Wisst ihr, ich bin grundsätzlich auf der Seite der Jugendlichen. Es ist mein Ziel, möglichst niemanden zu verpfeifen. Wenn nötig, versuche ich zwischen den Jugendlichen und den Behörden zu vermitteln. Aber hier ...» Mit ernster Stimme wandte sie sich an Franziska. «Was ihr getan habt, ist ein schweres Vergehen – das kann nicht einfach so toleriert werden. Und da die – wie heißen sie? – die Banfits nun leider nicht bereit sind, sich auf eine außerpolizeiliche Maßnahme einzulassen, müssen sie eben vor den Jugendrichter, um sich zu verantworten.»

Betroffen blickte Franziska auf. «Muss ich da etwa auch hin?»

Ein Blitz erhellte den halbdunklen Raum, der nur durch rote und gelbe Spots beleuchtet war. Gleich danach ließ ein grollender Donner die Scheiben erzittern.

Die Kids warteten gespannt auf Petras Antwort.

«Für Mirko und die andern wird's unangenehm werden», begann sie. «Bandenmäßiges Vorgehen ist strafverschärfend. Bei dir sieht die Sache besser aus, weil du zurückgekommen bist und Debora gerettet hast. Zudem hast du dich sogar vor den Zug gestellt, um zu helfen – klar, nicht gerade das Richtige in dem Moment, aber du hast's wenigstens gut gemeint. Alles in allem wird sich dein Verhalten nach dem Anschlag bestimmt zu deinen Gunsten auswirken. Aber auch du wirst um eine Strafe nicht herumkommen.»

Das war eine bittere Pille für Franziska. «Mann, ich hab gerafft, dass ich Mist gebaut hab, ey!» begehrte sie auf. «Können wir nicht 'ne andere Lösung finden? Ich putz 'ne Weile lang den Fußboden hier, oder ich mach dir 'n paar Mal Abendessen!»

Petra musste schmunzeln. «Das geht nicht. Weil die Bande zu keiner Regelung bereit ist, muss ich sie der Polizei melden. Und ich kann da unmöglich verschweigen, dass du bei dem Anschlag dabei warst.» Sie nahm einen Schluck von ihrem Tee, der inzwischen nicht mehr ganz heiß war, und setzte die Tasse wieder ab. «Siehst du, die Banfits müssen einfach merken, dass es so nicht geht. Sonst werden die so lange weitermachen, bis mal wirklich was ganz Schlimmes passiert. Das zeigt ja auch die Sache in dem Hausmeisterkeller. Weil die Bande da ungeschoren davongekommen ist, hat sie gleich etwas noch Gröberes durchgezogen. Sie checkt eben die Grenzen ab ...»

Petra lehnte sich ins Polster zurück. «Man hat immer die freie Wahl, was man tun will. Aber man muss die Folgen tragen. Alles hat eine Konsequenz. So ist das Leben.»

«Und was geschieht jetzt weiter?» fragte Raffi.

«Ich benachrichtige die Polizei, und die wiederum den Jugendrichter. Und der informiert dann die Eltern aller beteiligten Kinder, bevor sie vernommen werden.»

«Oh-oh!», dachte Debora. Nun würden ihre Eltern doch noch alles über die Wartehäuschen-Geschichte erfahren!

«Aber ein Gutes hat die Sache ja», lächelte Petra. «Da der Fall nun offiziell aufgerollt wird, weiß die Polizei natürlich auch bald, dass ihr mit dem Kellereinbruch nichts zu tun habt!»

Erleichtert beugten Suila, Loko, Simon und Raffi sich zum Tisch vor – jetzt hatten sie erst mal einen großen Schluck Cola verdient!

Franziska trank nicht mit. Sie hing mit schwerem

Herzen in ihrem Sessel und brütete darüber nach, was nun alles auf sie einstürzen würde.

Während die Kids noch ein wenig mit Petra weitersprachen, verzogen sich Debora und Suila in eine stille Ecke des Jugendkellers. Hier standen noch mehr Polstersessel, dazu ein Videobeamer und eine Leinwand, auf der man sich gemeinsam Filme ansehen konnte.

«Es tut mir mega leid, was vorgefallen ist», murmelte Debora verlegen. «Ich weiß gar nicht, wie ich so blöd sein konnte.»

Suila sah vor sich zu Boden. Debora hatte ihr sehr wehgetan, und es schmerzte sie noch so stark, dass sie überhaupt keine Worte fand, die sie jetzt hätte aussprechen können.

«Ich bin echt froh, dass du dich die ganze Zeit um Fanny gekümmert hast. Danke für deine Hilfe, Suila.»

«Schon okay.»

«In ein paar Tagen bin ich den Gips los. Dann könnten wir wieder zusammen ausreiten – wenn du magst.»

«Ausreiten würd ich schon, aber ...»

«Kannst du – kannst du mir verzeihen?» Befangen blickte Debora sie an. «Es wäre so schön, wenn wir wieder Freundinnen sein könnten.»

Nun kam Suila nicht mehr gegen ihre Gefühle an –

sie hatte Debora einfach viel zu gern. «Das möchte ich auch ...» Auf ihrem Gesicht breitete sich ein Lächeln aus. «Du bist und bleibst doch meine beste Freundin!»

«Du auch!» Die beiden Mädchen fielen sich in die Arme und drückten sich lange.

«Kommt ihr?» Das war Loko, der mit den andern Kids bereits am Ausgang wartete.

Suila half Debora aus dem Sessel hoch und schlenderte neben ihr her durch den Raum.

«Würd mich freuen, euch bald wieder hier zu sehen», sagte Petra an der Tür. «Der Treff ist im Aufbau, und es braucht Leute, die mit anpacken – zum Beispiel an der Bar Getränke ausschenken. Oder Konzerte organisieren. Oder selbst Musik machen. Jeder kann genau das tun, auf das er am meisten Lust hat.»

«Klingt gut», fand Simon, und Loko war schlichtweg begeistert: «Ich komm bestimmt wieder!»

«Ich auch!» rief Raffi.

Doch Petra setzte noch einen drauf: «Im Jugendhaus in der Stadt gibt's ein richtiges kleines Aufnahmestudio. Wenn ihr Lust habt, helf ich euch mal, 'ne eigene CD aufzunehmen. Und wenn ihr wollt, könnt ihr hier im *Planet7* auch Hip-Hop-Partys machen – wir haben ein Mischpult mit zwei Plattenspielern.»

Franziska schaute sie interessiert an. «Echt?»

«Klar. Die sind zum Scratchen. Dazu lassen sich auch gut Contests im Battle-Reimen durchführen.»

«Das wär voll krass, Mann! Ich könnte vielleicht mal 'nen Abend lang Platten auflegen. Und wenn die Leute dann dazu breakdancen und rappen, wär das ja Hip-Hop pur!»

«Komm so oft her, wie du magst», lud Petra sie ein.

«Auch die anderen von der Bande sind willkommen – wenn sie sich friedlich verhalten.»

«Das würdest du erlauben?»

«Ja, sicher. Jeder von uns haut mal daneben, aber das heißt ja nicht, dass man dann für immer außen vor bleiben muss.»

«Du bist voll in Ordnung, ey!»

«Danke, ebenfalls.»

Über Franziskas Gesicht glitt ein Lächeln. So was hatte noch nie jemand zu ihr gesagt. «Du, die Sache mit der Polizei», startete sie einen letzten kleinen Versuch. «Könnten wir das nicht doch bleiben lassen?»

«Nee, tut mir leid. Das muss sein.»

«Na dann ...» Beherzt versuchte sie ihre Enttäuschung wegzustecken. «Aber ich werd trotzdem wieder herkommen!»

Petra öffnete die Tür. «Schön. Also, bis bald!»

«Ja, tschüss.» Widerstrebend traten die Kinder ins stürmische Wetter hinaus. Als auch Debora sich verabschieden wollte, bat Petra: «Kannst du noch 'n Momentchen bleiben?»

«Wir gehen schon mal vor zur Haltestelle», rief Simon, und die Tür schlug hinter ihm zu.

«Ich finde, du hast dich ganz toll verhalten, Debora», eröffnete die Jugendleiterin. «Es war super, dass du mich angerufen hast. Und ich hoffe, du vertraust mir auch weiterhin.»

«Sicher, warum sollte ich nicht?»

«Ich werde der Polizei nur den Anschlag der Bande melden, aber nicht die Sache mit dem Bushäuschen. Die war zwar auch nicht gerade sauber, doch du hast immerhin keine Menschenleben gefährdet. Vielleicht überlegst du dir einfach mal, wie du das mit der Sprayerei wieder in Ordnung bringen könntest.»

Debora nickte und wollte schon aufatmen, als Petra sie bremste. «Leider musst du damit rechnen, dass die Banfits dich bei der Vernehmung anschwärzen. Die Polizeibeamten werden alles zurückverfolgen können, denn das *täg* verbindet die Delikte wie eine Spur – vom Bandenversteck zum Keller des Hausmeisters bis zur Bushaltestelle. Klar wird die Polizei den Banfits nicht glauben, wenn sie dich verpfeifen. Aber sie ist von Amtes wegen trotzdem dazu verpflichtet, dich in dieser Sache zu befragen. Und was willst du dann tun?»

Das fragte sich Debora auch. Lügen und alles abstreiten? Das konnte sie sich nicht vorstellen. Irgendwann musste das Versteckspiel doch ein Ende haben! Blass schüttelte sie den Kopf. «Dann werd ich wohl alles zugeben ...»

«Hab ich mir schon gedacht. Find ich auch gut, denn früher oder später würde es sowieso rauskommen. Das bedeutet aber auch, dass deine Eltern mitkriegen, was du getan hast. Am besten wär's wohl, ihnen von dir aus gleich alles zu erzählen. Das wäre bestimmt viel weniger schlimm, als wenn sie's von der Polizei erfahren müssten. Meinst du nicht auch?»

Ein greller Blitz zuckte über den schwarz verhangenen Himmel draußen.

«Mal sehen», murmelte Debora leise. «Ich denk drüber nach.» Ihre Worte versanken im Krachen des Donners.

Voll krass!

20

Die Sonne brannte heiß auf den Kaminski-Hof herunter – der Wolkenbruch des letzten Tages war abgezogen und hatte wieder strahlend schönem Wetter Platz gemacht.

Debora hinkte aus dem Haus und blieb vor dem angebauten Blumengeschäft stehen. Durchs Schaufenster waren Vater und Mutter beim Arbeiten zu sehen. Mit klammem Herzen fragte sich Debora, wo sie bloß die Kraft hernehmen sollte, um das zu tun, was sie eigentlich vorhatte.

Sie gab sich einen Ruck und öffnete die Ladentür. «Mami, hast du einen Moment Zeit?»

«Klar, was ist denn?» Frau Kaminski setzte das Blumengebinde, das sie eben in Krepp-Papier einwickeln wollte, auf dem Ladentisch ab.

«Ich muss euch was erzählen.»

Sofort erfasste Mutter, dass es sich um etwas Ernstes handeln musste. «Gut, lass uns rübergehen.»

Debora folgte ihr zum Büro, das durch Glasscheiben abgetrennt war. Drinnen legte Vater eben den Telefonhörer auf. Als sie eintraten, wandte er sich vom Computertisch ab und blickte die beiden an.

«Ich ... ich hab was angestellt ...» murmelte

Debora befangen. Dann nahm sie all ihren Mut zusammen und stieß, um die Sache so schnell wie möglich hinter sich zu bringen, in einem einzigen Schwall hervor: «Bei der Omnibus-Haltestelle hab ich was hingesprayt – und jetzt wird wahrscheinlich bald die Polizei hier anrufen – und die Banfits behaupten, dass ich ...»

Vater musterte sie befremdet. «Die Banfits?»

«Das ist eine Bande ...»

«Aha. Und was hast du da hingesprayt? Was Kleines? Eins dieser Zeichen, die man auf vielen Hauswänden sehen kann?»

Ängstlich schaute Debora zu Boden. «Eben nicht was Kleines ... damit die Bande mich aufnimmt – aber jetzt gehör ich nicht mehr dazu!»

«Und warum nicht?» fragte Frau Kaminski.

«Weil ich gemerkt hab, dass es daneben war.»

«Daneben?»

«Ja, weil sie Dinge von mir verlangten, die ich nicht gut fand ... Irgendwie hab ich's von Anfang an gespürt ... und auch gar nicht wirklich gewollt, aber ...»

Mutter trat auf Debora zu. «Ich versteh das – Freundinnen und Freunde können einen manchmal ganz schön beeinflussen, was? Noch dazu, wenn's eine ganze Clique ist.»

«Zweifellos», pflichtete Vater bei. «Das erklärt natürlich dein Verhalten in letzter Zeit.»

«Find ich echt super, dass du's uns erzählt hast!» Frau Kaminski nahm ihre Tochter in den Arm. Und diesmal ließ Debora es geschehen. Während sie lange so gehalten wurde, rannen ihr vor Erleichterung Tränen die Wangen hinunter.

Da kam auch Vater hinzu und schlang die Arme um die beiden. «Einen Fehler darf man machen», murmelte er. «Man sollte es einfach kein zweites Mal tun. Ich hab dich gern.»

Im Stillen malte Debora sich aus, was alles hätte passieren können, wenn sie das Schweige-Gelübde der Banfits nicht gebrochen hätte. «Zum Glück hab ich mich dafür entschieden», dachte sie nun, «denn nur so konnte alles gut ausgehen ...»

«Wie ist das eigentlich? Lässt sich so eine Sprayfarbe wieder entfernen?» überlegte Mutter. «Vielleicht mit Nitro-Reiniger?»

«Ich könnt's mal versuchen», schlug Debora vor. «Und falls es nicht weggeht, zahl ich die Reinigung mit meinem Taschengeld ab.»

«Einverstanden», meinte Herr Kaminski.

In diesem Augenblick drang Fahrrad-Geklingel zu ihnen herein. Durch die Scheiben war zu erkennen, wie Suila und Loko draußen auf den Vorplatz radelten.

Lächelnd schlenderte Mutter neben Debora her aus dem Laden, während Vater sich wieder an die Arbeit machte.

Debora humpelte zu ihrer Freundin hinüber, die eben vom Rad stieg. Auch Simon und Raffi hatten das Gebimmel gehört und kamen aus dem Haus.

«Das glaubt ihr nicht!» sprudelte Loko los. «Grade

war der Hausmeister bei uns! Und wisst ihr, was er gesagt hat? Entschuldigt hat er sich, dass er uns fälschlicherweise verdächtigt hat!»

«Mutter ging's gleich wieder viel besser», erzählte Suila. «Weil sie nun weiß, dass wir hier bleiben können!»

«Ihr könnt hier bleiben?» rief Simon. «Das ist die beste Nachricht, die ihr uns bringen konntet!» Er packte seinen Freund, und die beiden drückten sich stürmisch wie zwei Fußballspieler beim Torjubel. Simon war überglücklich, dass Loko nun nicht aus dem Land gewiesen würde. «Wie gut», dachte er, «dass ich dafür gebetet hab. Jesus ist einfach konkret Klasse!»

Plötzlich drang lautes Gebell an ihre Ohren. Zwockel und die vier Hündchen sausten um die Ecke. Übermütig schnappten die Welpen nach einem Schmetterling, doch als sie ihn nicht erwischten, verloren sie ihr Interesse und trollten sich zu den Kindern, um an ihren Hosenbeinen hochzusteigen.

«Hallo, ihr Ulknudeln!» Raffi wollte ein Junges streicheln, aber das zischte ab und wirbelte wild im Kreis herum beim Versuch, sich selbst in den Schwanz zu beißen. Inzwischen waren die Hündchen ein ansehnliches Stück gewachsen und groß genug, um selbst Milch vom Teller lecken zu können. Deshalb würden sie nun bald von ihren neuen Besitzern abgeholt werden. Nur das Schicksal von Herrn Müller war noch unklar – für ihn hatte sich kein Käufer gefunden.

«Kuckt mal, wer da kommt!» Überrascht zeigte Loko mit dem Finger zum Ende des Vorplatzes.

Dort ratterte Franziska auf einem Skateboard bis

zum Kopfsteinpflaster. «Wollte mal sehen, wo ihr wohnt!» rief sie.

«Nur zu», begrüßte Debora sie mit einem Seitenblick auf ihre Freundin. «Vielleicht verstehst du dich jetzt auch mit Suila wieder?»

Franziska zögerte. Langsam blies sie eine Kaugummiblase auf und ließ sie platzen. Doch dann streckte sie ihre Hand aus, und Suila schlug versöhnlich ein.

«Leute, da hat eben jemand angerufen!» Aufgeregt eilte Herr Kaminski vom Laden herüber. «Der Polizeibeamte vom Nachbardorf!»

Auf der Stelle befiel Debora ein ungutes Gefühl. Doch Vater wirkte überhaupt nicht verstimmt, ganz im Gegenteil. «Die Jugendleiterin hat ihm alles erzählt – er lässt euch danken für euren tollen Einsatz am Bahndamm!»

Entgeistert schaute Mutter auf. «Einsatz am Bahndamm?»

«Ja, und der Beamte hat auch das Mädchen mit den violetten Haaren erwähnt.» Vater legte seine Hand auf Franziskas Schulter. «Sie hat unter Lebensgefahr unsere Debora in Sicherheit gebracht, als sie ohnmächtig auf den Gleisen lag!»

Frau Kaminski wurde es auf der Stelle schwindlig. «Ich werde selber noch ohnmächtig! Was man da alles erfährt! Ich muss mich hinsetzen!»

Mit gemischten Gefühlen beobachteten die Kinder, wie sie sich auf der Vortreppe niederließ. Sofort machten sich zwei Welpen an ihren Schuhen zu schaffen – Ronnie und Tschipp zupften eifrig an den Schnürsenkeln herum.

Da ging oben die Haustür auf und Opa trat heraus. Den Strohhut auf dem Kopf, tastete er sich vorsichtig die

Stufen herab. «Manchmal ist es ganz gut, nicht alles zu wissen, was die Kinder so tun und lassen!» fand er und zwinkerte den Kids schalkhaft zu.

Vater streckte Franziska die Hand hin. «Wie kann ich dir bloß danken, dass du Debora das Leben gerettet hast?»

«Ach was!» Sie klapste locker eine Fünf auf seine Finger. «Ist doch easy, ey!» Tatsächlich war sie allerdings heilfroh, dass sie's getan hatte. Selbst wenn sie nun eine Maßnahme vom Jugendgericht aufgebrummt bekäme – das wäre nicht halb so schlimm wie das Leben einer Freundin auf dem Gewissen zu haben, der sie hätte helfen können. Ein eigenartiges Prickeln durchströmte sie – und ein Gefühl, das sie noch nie zuvor empfunden hatte.

Als ein Hündchen an ihr vorbeiflitzte, kauerte sie sich hin und lockte: «Ey, Herr Müller! Komm schön her!»

Er tippelte heran und schnupperte an ihren Jeans.

«Seht ihr, er kennt mich noch!» rief sie begeistert. «Ja ey, du bist das süßeste Hündchen der ganzen Welt!»

Da kam Vater ein Gedanke. «Möchtest du ihn haben? Wir schenken ihn dir!»

Verdutzt blickte Franziska auf. «Echt? Das würdet ihr tun?»

«Aber sicher – das ist doch das Mindeste, was wir dir als Zeichen unserer Dankbarkeit anbieten können!»

«Das ist ... das ist ...» Fast fehlten ihr die Worte. Aber nur fast. «Voll krass!» strahlte sie, hob das Hündchen hoch und vergrub ihr Gesicht in dem wolligen Bündel. «Na, du! Einen Namen für dich muss ich gar nicht erst finden – du hast ja schon den besten, den's gibt!»

Zufrieden schmunzelte Opa vor sich hin.

«Jetzt bin ich nie mehr allein», murmelte Franziska ins Wuschelfell hinein. «Jetzt hab ich immer ’nen super Freund bei mir!»

«Dann werden wir Herrn Müller ja regelmäßig sehen!» freute sich Simon. «Wir treffen uns doch nun bestimmt öfter im *Planet7*, oder?»

«Au ja!» Raffi machte einen Luftsprung. «Dort können wir auch mega coole Sachen machen!»

«Als Erstes den Graffiti-Workshop», schlug Debora vor. «Der beginnt nämlich schon bald!»

«Ein paar von den Banfits werden auch hinkommen, ich hab mit ihnen gesprochen.» Liebevoll streichelte Franziska Herrn Müller übers Fell, was er sich genüsslich gefallen ließ. «Irgendwie sind die froh, dass alles so gelaufen ist – sie hatten auch ein schlechtes Gewissen und so. Die wollen mich sogar als Boss behalten.» Sie grinste. «Anscheinend hab ich einfach was Unwiderstehliches an mir! Aber ab jetzt gibt’s keine krummen Dinger mehr. Davon hab ich echt den Kanal voll. Dass das nichts bringt, hab ich konkret gerafft, Mann.»

«Und wisst ihr was?» Simon hatte eine Idee. «Nach dem Workshop machen wir ’ne CD!»

«Eine CD?» Erstaunt blickte Vater ihn an.

«Klar», antwortete Debora. «Das wird voll cool!»

«Mega cool!» doppelte Loko nach. «Ich weiß auch schon ’nen guten Titel für unsere Band.»

«Welchen denn?»

«The famous Kaminski-Kids and Friends!»

«Das ist es!»

«Poa!» stieß Raffi beeindruckt hervor. «Aber was heißt das überhaupt?»

«Na, was wohl?» lachte Simon. «Die berühmten Kaminski-Kids und ihre Freunde natürlich! Die kennt doch jeder!»

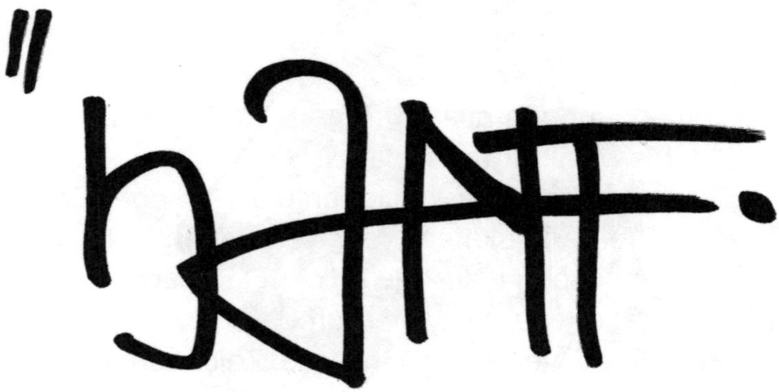

Der große Kaminski-Kids-Zeichen-Wettbewerb

Nach der Veröffentlichung des Buches «Die Kaminski-Kids: Hart auf hart» schrieb der Brunnen Verlag einen großen «Kaminski-Kids-Zeichen-Wettbewerb» aus. Daran haben sich Hunderte von Kindern und Jugendlichen aus Deutschland, der Schweiz und Österreich beteiligt. Sogar Einsendungen aus so fernen Ländern wie Island und Namibia (Afrika) waren dabei!

Hier präsentieren wir euch nun die 10 Sieger-Zeichnungen beider Alterskategorien, verbunden mit einem riesigen Dankeschön an alle, die mitgemacht haben! Eigentlich hätte jede der vielen großartigen Einsendungen einen Preis verdient, denn alle Zeichnungen sind wunderschön und haben uns viel Freude bereitet. «Konkret klasse!» würden die Kaminski-Kids dazu sagen. Nochmals ganz herzlichen Dank dafür.

Der Verlag und der Autor

P.S. Die Zeichnungen waren natürlich fast alle farbig. Die Originalbilder sind also noch viel schöner, als ihr sie hier in schwarzweiß sehen könnt!

Sieger «Kaminski-Kids»-Wettbewerb

Kategorie 9-11 Jahre:

1. Platz: Regula Huber, CH-Engelburg (11 Jahre)

2. Platz: Patrick Smolders, CH-Weiach (11 Jahre)

3. Platz: Lea Quaisser, D-Hartmannsdorf (11 Jahre)

4. Platz: Miriam Kindinger, D-Kiel (10 Jahre)

5. Platz: Lea Hüssy, CH-Weiach (11 Jahre)

6. Platz: Martina Koller, CH-Oberägeri (11 Jahre)

7. Platz: Tabitha Taennler, CH-Hagendorn (10 Jahre)

8. Platz: Cornelia Berndt, CH-Rüti (11 Jahre)

9. Platz: Daniela Wobmann, CH-Alosen (11 Jahre)

10. Platz: Desirée Bach, CH-Feutersoey (9 Jahre)

Sieger «Kaminski-Kids»-Wettbewerb

Kategorie 12-14 Jahre:

1. Platz: Dorothea Schott, D-Espelkamp (13 Jahre)

2. Platz: Maria Lotze, D-Großhartmannsdorf (12 Jahre)

3. Platz: Debora Waltenspül, CH-Neuheim (12 Jahre)

4. Platz: Beate Benz, D-Wietzendorf (12 Jahre)

5. Platz: Franziska Steiner, CH-Neu St. Johann (12 Jahre)

6. Platz: Raffaela Luginbühl, CH-Büetigen (12 Jahre)

7. Platz: Silvan Heim, CH-Nesslau (12 Jahre)

8. Platz: Rahel Wiget, CH-Unterägeri (13 Jahre)

9. Platz: Prisca Guggisberg, CH-Reinach AG (14 Jahre)

10. Platz: Karin Gerber, CH-Nesslau (13 Jahre)

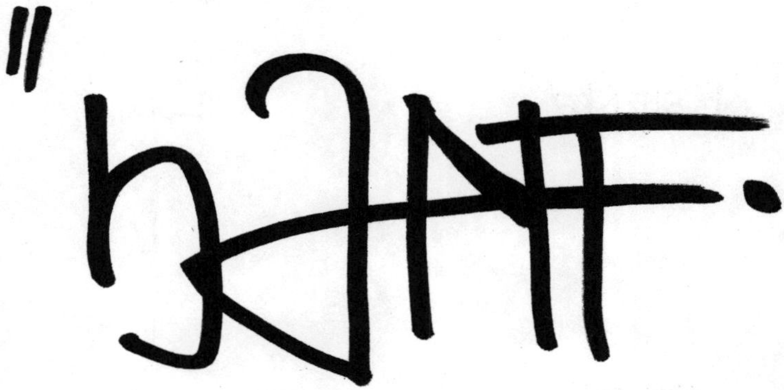

Franziska

Loko

Ergün

Raffaela („Raffi")

Simon

Debora

Suila

Mirko

Möchtest Du noch mehr von den Kaminski-Kids lesen?

Die Kaminski-Kids Band 1:
«Übergabe drei Uhr morgens»

Die Kids entdecken ein aufregendes Geheimnis: Als sie heimlich im Zimmer des neuen Hausmädchens Silvia herumstöbern, finden sie einen Zettel mit dem seltsamen Hinweis «Drei Uhr morgens». Die Frage ist: Wem will die Haushälterin damit einen Wink geben? Und warum? Die Kids gehen der Spur nach. Sie führt sie bis unter die Brücken der nahen Stadt. Der geliebte Collie Zwockel ist natürlich auch mit von der Partie!

160 Seiten, mit zahlreichen Illustrationen

Die «Kaminski-Kids»-Bücher von Carlo Meier erscheinen im Brunnen Verlag und sind überall im Buchhandel erhältlich.

Möchtest Du noch mehr von den Kaminski-Kids lesen?

Die Kaminski-Kids Band 2:
«Mega Zoff!»

Raffi wird von einem großen Jungen dazu erpresst, im Laden etwas für ihn zu stehlen. Sie weiß weder ein noch aus. Was soll sie bloß tun? Simon und Debora versuchen ihr aus der Klemme zu helfen. Doch die Lage spitzt sich zu. In der Gegend häufen sich rätselhafte Straftaten. Wer steckt dahinter? Die Kids entdecken mit Hilfe ihres Hundes Zwockel eine heiße Spur. Es wird mega gefährlich...

160 Seiten, mit zahlreichen Illustrationen

Die «Kaminski-Kids»-Bücher von Carlo Meier erscheinen im Brunnen Verlag und sind überall im Buchhandel erhältlich.